Ilse Nimschowski

Kinderleichtes Origami

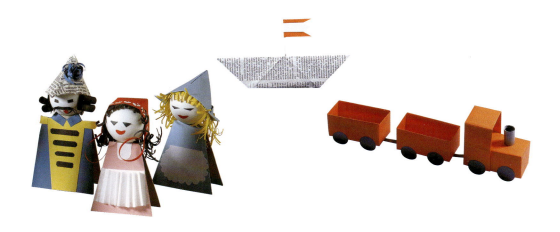

Ilse Nimschowski

Kinderleichtes Origami

Schritt-für-Schritt-Anleitungen zum Papierfalten

Vorwort

Liebe Kinder,

ein Blatt Papier durch unterschiedliche Faltungen in einen kleinen Gegenstand zu verwandeln, gehört heute wie in vergangenen Zeiten zu den interessantesten Freizeitbeschäftigungen der Kinder, aber auch der Erwachsenen. Aus Papier kann man leicht kleine Dinge anfertigen, die beim Spielen, beim Schmücken des Zimmers, als Grußkarte oder als kleines Geschenk viel Freude bereiten. An Werkzeugen braucht ihr nicht viel: vor allem eure Finger, manchmal Schere, Winkel, Bleistift und Kleber. Die meisten Faltformen lassen sich in wenigen Minuten herstellen. Um schnell zum Erfolg zu gelangen, solltet ihr die ersten Abschnitte des Buches durchlesen oder euch vorlesen lassen, damit ihr wisst, was all die Begriffe und Zeichen bei den Erläuterungen bedeuten.

Das Buch führt euch von einfachen Faltbeispielen zum Origami, also zu den komplizierteren japanischen Faltformen. Und wenn euer Tun nicht gleich gelingt, dann geht noch einmal die Schrittfolge durch. Bestimmt habt ihr ein Zeichen übersehen oder die Erläuterung nicht genügend beachtet.

Nehmt euch nicht schon anfangs die schwierigsten Faltformen vor, sondern wählt erst Beispiele aus der Vielzahl der einfachen und mittelschwierigen Angebote aus. Dabei ist es günstig, wenn ihr zu Beginn mit einem Blättchen vom Notizblock faltet, ehe ihr Origamipapier verwendet.

Liebe Eltern,

mit der Bitte um Unterstützung wendet sich das Buch auch an Sie, vor allem, wenn Ihre Kinder noch im Vorschulalter sind. Begriffe wie Quadrat, Rechteck oder rechter Winkel bedürfen dann Ihrer Übermittlung. Bitte beachten Sie auch, dass kleine Kinder wegen der Verletzungsgefahr möglichst lange noch die Kinderschere benutzen sollten.

Helfen Sie Ihren Kindern bei diesem oder jenem Faltgang, damit der Erfolg nicht ausbleibt. Aber regen Sie sie auch zum Suchen und Knobeln an. Denn gerade die Freude am Suchen nach Lösungswegen, der Stolz auf die endlich vollbrachte Leistung, Sinn für Genauigkeit, Ordnung und Sauberkeit, auch Ausdauer, Zielstrebigkeit und Kreativität sind Eigenschaften, die durch das Papierfalten in Verbindung mit der Entwicklung der Fingerfertigkeit auf spielerische Weise herausgebildet und gefördert werden.

Diesen wichtigen Aspekt in der Kindererziehung erkannte bereits vor fast zweihundert Jahren der große Pädagoge Friedrich Wilhelm August Fröbel (1782–1852), auf dessen Bestrebungen die ersten Kindergärten in Deutschland entstanden. Seitdem hat das Papierfalten in Vorschuleinrichtungen und Kinderhorten eine gute Tradition. Als dann die jahrhundertealte japanische Papierfaltkunst – das Origami – in den fünfziger und sechziger Jahren um die Welt ging, fiel sie bei den durch Fröbel vorgeprägten Deutschen auf besonders fruchtbaren Boden. Und noch immer erfreut sich das Origami zunehmender Beliebtheit.

Es gibt zahlreiche Faltformen, bei denen die Herkunft aus der Fröbelschen Faltschule oder aus dem Japanischen nicht mehr klar zu unterscheiden ist. Beide Richtungen haben sich im Laufe der Zeit bereichert und angenähert.

In diesem Buch soll der Weg von der Fröbelschen Faltform zum Origami beschritten werden. Das bedeutet, es wird jegliches Falten auf die einfachen Grundformen und Bezeichnungen von Fröbel zurückgeführt. Denn alltägliche Begriffe wie Buch-, Kopftuch- oder Zeltfaltung werden von Kindern schneller angenommen und sicherer eingeprägt als schwierige japanische Bezeichnungen. Das Buch führt also mit Fröbels Faltschule zum Origami.

Inhalt

Vorwort 4
Welches Papier eignet sich zum Falten? 6
Was du noch wissen und können solltest 7
Grundfaltformen 8

Karten und Heft 11

Häuser und Zelt 12
Einfaches Haus 12
Haus mit schrägem Giebel 12
Dach 13
Dach mit Laubengang 13
Zelt 14

Zum Einkaufen 14
Taschentuchtäschchen 15
Tasche mit zwei Fächern 15
Geldbörse und Gürteltasche mit zwei Fächern 16
Geschenkbeutel und Taschen 16
Kleingeldbeutel 18

Möbel für die Puppenstube 19
Bank (auch Bett und Regal) 19
Sessel 20
Tisch 20

Zum Spielen und Zaubern 21
Springfrosch 21
Fangbecher 22
Zaubertüte 23
Zappelkasper 24

Wasserspiele 26
Schiff 26
Dampfer 27
Segelboot 28

Was sich im Wind bewegt 29
Drachen 30
Einfache Windmühle 30
Feste Windmühle 30
Düsenjäger 31

Zum Verkleiden 32
Helm 32
Holländermützchen 33
Rotkäppchenmütze 33
Jägerhut 33

Zum Verschenken 34
Quadratischer Bilderrahmen zum Aufhängen 34
Aufstellbarer Bilderrahmen 35
Einfache Faltschachtel oder Körbchen 37
Feste Faltschachtel mit Deckel 37
Rechteckige Faltschachtel 38

Für Feste und Feiern 39
Gepresste Tulpe 39
Falter oder Blüte für Grußkarten 39
Trichterwinde 40
Lilie 41
Seerose 43
Osterküken 44
Rosettenartiger Stern 46
Variante des rosettenartigen Sterns 47
Einfaches Weihnachtsbäumchen 48
Weihnachtsbäumchen aus mehreren Etagen 48
Nikolaus 49
Kerzenständer 50
Schlitten 51
Origami-Weihnachtsbaum 52
Sternkästchen 53
Fröbelstern 54

Tiere 56
Sitzender Hund 56
Fliegende Taube 57
Maus 58
Schwein 59
Pferde, Hunde und andere Vierbeiner aus Zeitungspapier 60
Bewegliche Tierköpfe 61
Tierköpfe aus der Kopftuchfaltung 62
  Schwein 64
  Fuchs 64
  Katze 64
  Kuh 65
Fisch I 66
Fisch II 67
Fisch III 67
Schmetterling 70
Frosch 70
Ente 72
Schwan 72
Klapperschnabel 74
Vogel 75
Papagei 75
Flatternder Kranich 78
Rabe 79

Kleines Faltlexikon 80

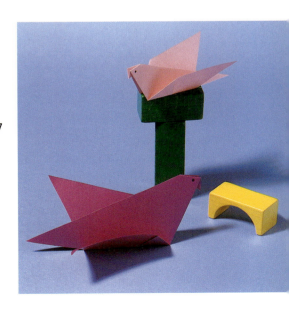

Welches Papier eignet sich zum Falten?

Zum Falten kannst du jedes Papier verwenden, das relativ fest ist und einen sauberen Bruch ergibt.
Im Fachgeschäft findet man meist ein breites Angebot an einfachen quadratischen oder rechteckigen Faltblättern in verschiedenen Größen und Farben. Das etwas anspruchsvollere japanische Origamipapier, einseitig gefärbt, zum Teil mit zarten Musterungen oder ineinander laufenden Farben solltest du erst verwenden, wenn du schon recht sicher falten kannst. Runde Faltblätter eröffnen neue Möglichkeiten für das Falten von Blüten oder runden Schmuckformen.
Eine neuere Papiersorte – die Strohseide – ein zartes, durchscheinendes Material mit Fasereinschlüssen, eignet sich gut für zarte Blüten – oder Schmetterlingsfaltungen mit wenigen Brüchen. Da die Strohseide im DIN-A4-Block angeboten wird, muss man sie auf das gewünschte Maß sorgfältig zurechtschneiden.
Außerdem eignen sich gut zum Falten gemusterte Geschenkpapiere, Briefpapier, unliniertes Schreibpapier, Endlos-Papier für den Computer wie auch das in zarten Pastelltönen angebotene Papier für den Kopierer.
Für einfache Faltungen mit nur wenigen Brüchen eignet sich auch Zeichen- oder Tonkarton (Häuser, Zelte), und sogar Zeitungspapier kann man in besonderen Fällen zum Falten verwenden.
Weißes Papier kannst du dir selbst nach eigenen Wünschen einfärben. Gieße dazu farbige Tuschen oder Ostereierfarben mit wenig Wasser verdünnt in eine flache Schale und ziehe die weißen Blätter hindurch. Lege sie zum Trocknen auf eine alte Zeitung.
Einen aquarellartigen Effekt erreichst du, wenn du auf weiße, angefeuchtete Blätter zwei Kontrastfarben aufbringst, die dann ineinander verlaufen. So entstehen überraschende Effekte und kein Blatt gleicht dem anderen.
Probiere es doch einmal mit Freunden oder Geschwistern.

Viel Freude und Erfolg

Ilse Nimschowski

Was du noch wissen und könnest solltest

Regeln für das Falten

- Es sollte immer auf festem, ebenem Untergrund gefaltet werden.
- Im Regelfall wird stets vom Körper weg gefaltet. Es gibt aber eine Reihe von Ausnahmen, besonders im Origami.
- Lies erst genau und betrachte die Zeichnungen, dann falte.
- Falte sehr genau und streiche alle Brüche gut aus.

Kennzeichnung der Schwierigkeitsstufen

- ✲ Sehr einfach zu falten
- ✲✲ Leicht zu falten
- ✲✲✲ Etwas schwieriger zu falten
- ✲✲✲✲ Nur für Könner

Bedeutung der Linien und Symbole

──────── Schnitt- oder Bruchkanten des Blattes oder der Faltform

──────── Bruchlinie, durch zurückgefalteten Bruch entstanden

- - - - - - Kennzeichnung, wo der nächste Bruch verlaufen soll

↻ Faltform wenden

→ Kante oder Fläche von hier nach dorthin falten

↺ Faltform drehen

✂ Hier ein- oder abschneiden

🧴 Hier kleben

↔ Gegenbruch falten

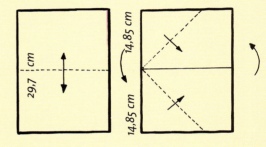

- Herstellen eines quadratischen Blattes aus einem DIN-A4-Blatt (Die Begriffe Quadrat und Rechteck findest du auf Seite 80 im Faltlexikon erläutert.)

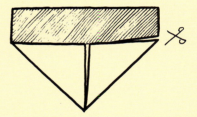

- Herstellen eines Rechtecks in der Größe zweier Quadrate aus einem DIN-A4-Blatt.

Faltlexikon

Ein kleines Faltlexikon mit den wichtigsten Begriffen ist schnell nachschlagbar auf Seite 80 zusammengefasst.

Grundfaltformen

Buch

Die einfachste Faltform aus dem Quadrat oder Rechteck nennt man Buch. Sie entsteht, wenn man zwei sich gegenüberliegende Kanten aufeinander faltet.
Der Bruch, der in der Mitte entsteht, heißt *Mittelbruch*.
Für manche Faltformen werden zwei Mittelbrüche gebraucht, die einander kreuzen.

 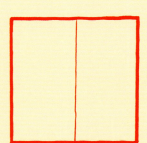 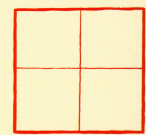

Taschentuch

– Buch falten.
– Kurze Kante auf gegenüberliegende kurze Kante falten.

 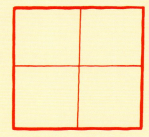

Schrank

– Buch falten und zurückfalten.
– Zwei gegenüberliegende Kanten an den Mittelbruch falten.
  Es entstehen zwei *Kantenbrüche*.
  Für manche Faltformen werden vier Kantenbrüche benötigt, d. h. zweimalige Schrankfaltung. Das Blatt ist dann in 16 gleich große Quadrate unterteilt.

  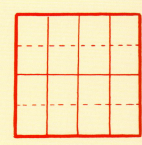

Treppe oder Fächer

– Buch falten.
– Lange obenauf liegende Kante an den Mittelbruch falten.
– Wenden und ebenso falten.
  Es entstehen zwei Talfalten und eine Bergfalte. Durch weitere Unterteilung der vier Rechtecke erhält die Treppe viele Stufen.

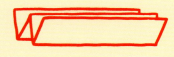 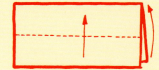

Grundfaltformen

Kopftuch

Diese Form kann nur aus quadratischem Blatt entstehen. Zwei gegenüberliegende Ecken werden aufeinander gefaltet. Es entsteht ein Diagonalbruch. Für manche Faltformen braucht man zwei Diagonalbrüche. Sie kreuzen sich in der Mitte des Blattes.

Zelt

– Kopftuch falten.
– Spitze auf Spitze falten.

Drachen

– Kopftuch falten und zurückfalten.
– Zwei am Diagonalbruch zusammentreffende Kanten an den Diagonalbruch falten.

Brief

– Beide Diagonal- oder Mittelbrüche falten und zurückfalten.
– Alle vier Ecken zum Mittelpunkt falten.

Doppelbrief

– Brief falten und wenden.
– Nochmals Brief falten.

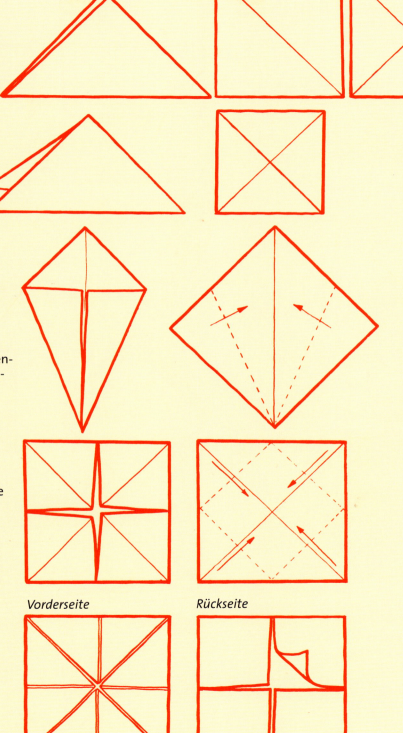

Vorderseite *Rückseite*

Grundfaltformen

Dreifachbrief

– Doppelbrief falten und wenden.
– Nochmals Brief falten.

Vorderseite

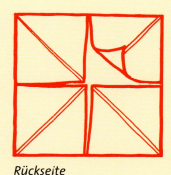
Rückseite

Zusammengeschobenes Dreieck (Fliegerdreieck)

– Beide Mittelbrüche falten und zurückfalten.
– Wenden, beide Diagonalbrüche falten und zurückfalten.
– Zwei gegenüberliegende Kanten in der Mitte fassen und zum Fliegerdreieck zusammenschieben.

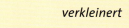
verkleinert

Zusammengeschobenes Quadrat

– Beide Diagonalbrüche falten und zurückfalten.
– Wenden, beide Mittelbrüche falten und zurückfalten.
– Blatt an zwei gegenüberliegenden Ecken fassen und diese in der Mitte zusammenführen. Das Blatt schiebt sich von selbst zum Quadrat zusammen.

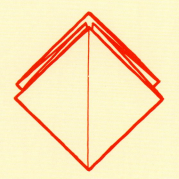

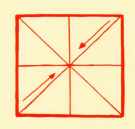
verkleinert

Tischtuch (auch Tisch)

– Zweimal Buch falten und zurückfalten.
– Zweimal Kopftuch falten und zurückfalten.
– Zweimal Schrank falten und zurückfalten.
– Wenden, Brief falten und zurückfalten.
– Wenden, das kleine Quadrat in der Mitte des Blattes fest niederdrücken und die Mitte jeder Kante zur Mitte des Blattes führen. Wenden wir die Form, erkennen wir einen Tisch oder ein herabhängendes Tischtuch. Zum Weiterfalten drückt man die vier Ecken zu kleinen Quadraten breit.

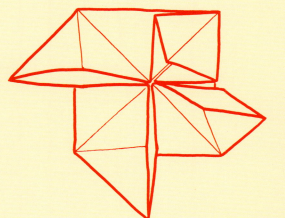

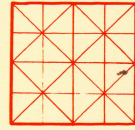
verkleinert

10

Karten und Heft

Karten und Heft*

Die Buchfaltung ist die Grundlage für unterschiedliche Karten und das Notizheft. Die Schmuckformen sind auf folgenden Seiten beschrieben.

Fröbelstern	*Seite 54*
Fisch	*Seite 66*
Gepresste Tulpe	*Seite 39*
Frosch	*Seite 70*
Lilie	*Seite 41*

Wenn deine Finger noch nicht sehr geübt im Papierfalten sind, dann fange mit dieser einfachen Buchfaltung an.
Lege dabei sorgfältig Ecke auf Ecke und streiche den entstehenden Mittelbruch gut aus. Zeichenkarton eignet sich gut.
Du kannst auf diese Weise reizvolle Glückwunsch-, Einladungs- oder Tischkarten anfertigen und Freunde damit überraschen. Anregungen findest du auf dem Foto. Überlege auch selbst noch, welche anderen Faltformen sich für Karten eignen.
Willst du ein Heft herstellen, falte mehrere Blätter der gleichen Größe zum Buch, lege Mittelbruch auf Mittelbruch und hefte sie dort durch Heftklammern oder Nadel und Faden zusammen.

Je nach dem Verwendungszweck deiner Karten kannst du rechteckiges oder quadratisches Falt-, Zeichen- oder Schreibpapier verwenden.

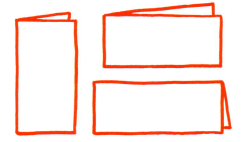

Häuser und Zelt

Häuser und Zelt *

Dazu eignen sich quadratische Origami-Faltblätter oder auch quadratisch geschnittenes Zeichen- oder Packpapier.

Einfaches Haus *

Faltschritte

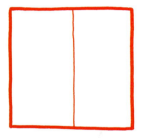

① Lege das Blatt mit der Rückseite obenauf, falte das Buch und öffne gleich wieder.

② Falte den Schrank, öffne ein wenig.

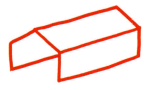

③ Stelle die einfache Hausform auf.

Haus mit schrägem Giebel *

Faltschritte

① Falte das Buch und öffne wieder.

② Falte den Schrank und öffne wieder.

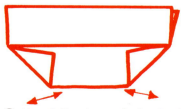

③ Nun falte abermals das Buch wie zu Beginn und falte rechte und linke Ecke vom Bruch aus an den oberen Kantenbruch. Öffne beide schrägen Brüche wieder und falte sie als Gegenbrüche nach hinten.

Einfaches Haus und Haus mit schrägem Giebel aus den Grundfaltungen Buch und Schrank für wenig geübte Hände.

④ Drehe die Faltform mit dem Bruch nach oben und stelle das Haus auf. Schiebe an den Seiten die schrägen Dachgiebel ein.
Du kannst Fenster und Türen aus andersfarbigem Papier ausschneiden und aufkleben oder auch aufmalen. Soll dein Haus noch ein andersfarbiges Dach erhalten, so wähle ein Blatt von der gleichen Größe wie du es für das Haus hattest. Halbiere nun das Blatt (Buch falten und auf Bruch entlangschneiden).

Dach mit Laubengang

Faltschritte für das Dach *

① Lege das schmale Rechteck quer und falte lange Kante auf lange Kante.

② Nun falte die Ecken rechts und links vom Bruch nach oben zur Kante, öffne und falte als Gegenbruch.

③ Drehe die Form, setze das Dach zunächst auf den Tisch, schiebe die Giebel ein und drücke nun das Dach auf dein gefaltetes Haus. Mit dem Filzstift kannst du noch Dachziegel aufzeichnen.

Dach mit Laubengang **

Willst du das Haus noch mit einem Laubengang verschönern, so nimm ein Faltblatt von der gleichen Größe wie für das Haus. Dann werden Dach und Laubengang aus einem Stück gefaltet.

Faltschritte

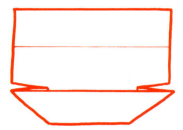

① Lege das Faltblatt mit der Vorderseite obenauf, falte das Buch, öffne es wieder und wende das Blatt.

② Falte den Schrank.

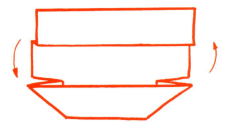

③ Aus dem unteren Streifen entsteht das Dach. Falte also die schrägen Gegenbrüche wie oben beschrieben und schiebe die Seiten ein.

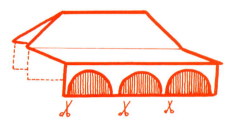

④ Aus dem oberen Streifen entsteht der Laubengang. Falte dazu das obere Rechteck so nach oben, dass der neue Bruch dicht unter dem vorhandenen Bruch liegt. So entsteht ein Dachvorsprung über dem Laubengang. Schneide noch halbrunde oder eckige Teile heraus, wie du es auf der Zeichnung erkennst.

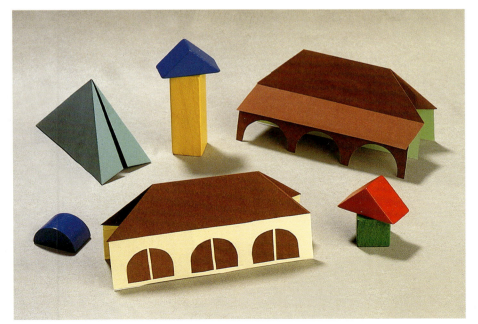

Dach und Dach mit Laubengang wurden gesondert gefaltet und nachträglich auf die Häuser gesetzt. In Verbindung mit Zelten kann man ein Dorf mit Campingplatz gestalten.

Häuser und Zelte

Zelt **

Du brauchst ein quadratisches Faltblatt von beliebiger Größe. Es eignet sich jedes Papier dazu.

Faltschritte

① *Lege die Rückseite des Blattes obenauf und falte das Kopftuch.*

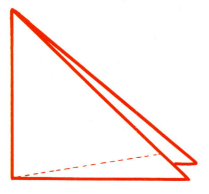

② *Falte die linke auf die rechte Spitze. Du siehst jetzt das Zelt, wie es bei den Grundfaltformen im Buch vorn beschrieben ist. Soll dein Zelt einen besonders schönen Eingang bekommen, dann falte weiter.*

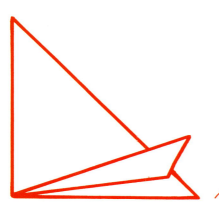

③ *Falte die obenauf liegende Bruchkante ein wenig schräg nach oben um, so dass ein schmales, langes Dreieck entsteht.*

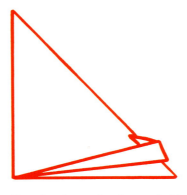

④ *Falte das rechts liegende kleine überstehende Dreieck hinter den Rand.*

⑤ *Wende die Faltform und wiederhole seitenverkehrt die Schritte 3 und 4.*

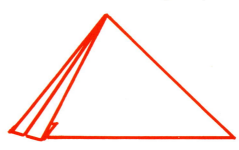

⑥ *Öffne jetzt die Form, so dass die beiden schmalen Dreiecke rechts und links vom mittleren Bruch liegen.*

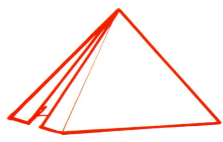

⑦ *Wende die Form und falte das linke schmale Dreieck auf das rechte. Stelle das fertige Zelt auf.*

Zum Einkaufen

Taschentuchtäschchen, Tasche mit zwei Fächern, Geldbörse, Tüte oder Geschenkbeutel.

Tasche mit zwei Fächern

Taschentuchtäschchen **

Du brauchst ein quadratisches Faltblatt von ca. 10 cm Kantenlänge. Durchgefärbtes Papier ist günstiger.

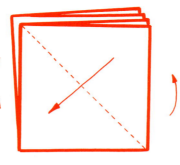

① Falte zuerst das Taschentuch (Buch falten, dann kurze Kante auf kurze Kante)

② Drehe die vier offenen Kanten zur Tischkante und falte nacheinander die erste, zweite und dritte Ecke nach oben. Verziere das fertige Täschchen durch ausgeschnittene, aufgestempelte oder aufgemalte Blütenformen.

So macht das Einkaufen Spaß: Tasche, Geldbörse und Taschentuchtäschchen.

Tasche mit zwei Fächern **

Wähle dazu ein möglichst großes quadratisches Blatt nicht unter 20 cm Kantenlänge. Du kannst auch gemustertes Geschenkpapier verwenden.

Faltschritte

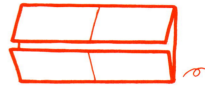

① Lege das Blatt mit der Vorderseite obenauf, falte beide sich kreuzende Mittelbrüche, öffne wieder und wende das Blatt.
② Falte den Schrank. Wenn du willst, kannst du die beiden mittleren Kanten ein wenig nach außen oder nach innen umfalten. Es dient der besseren Haltbarkeit beider Taschenränder.

③ Wende die Faltform und falte die kurzen Kanten zur Mitte.

④ Falte nun die obere auf die untere Hälfte und schon erkennst du die zwei Fächer der Tasche.
Soll es eine Umhängetasche werden, so klebe noch zwei lange Streifen als Tragebänder aus Papier oder Stoff an.

15

Zum Einkaufen

Geldbörse und Gürteltasche mit zwei Fächern**

Eine *Geldbörse* für dein Kleingeld kannst du dir ganz schnell aus einem rechteckigen Stück Papier falten. Es kann die Größe wie dein kleines Schreibheft, also DIN A5 (21 cm x 15 cm) haben oder auch größer sein. Viele Papierarten eignen sich für die Geldbörse, so Origamipapier, Geschenkpapier, Schreibpapier, ja sogar Zeitungspapier.

Für das *Gürteltäschchen* sollte dein rechteckiges Blatt mindestens die Größe DIN A4, also wie dein Schulzeichenblock, haben.
- Falte die gleichen Schritte wie bei der Geldbörse.
- Klebe beide Fächer am unteren Rand zusammen und fädle zwischen den Fächern deinen Gürtel durch.

Faltschritte

① Lege das Rechteck mit der Rückseite nach oben und falte den kurzen und dann den langen Mittelbruch und öffne wieder.

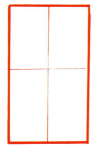

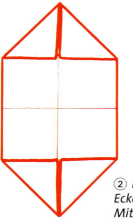

② Falte die vier Ecken an die lange Mittelbruchlinie.

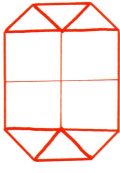

③ Nun falte die obere und die untere Ecke jeweils über die beiden Dreiecke bis zu deren Begrenzung.

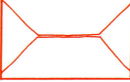

④ Falte die beiden zuletzt entstandenen Brüche von oben und unten an die kurze Mittelbruchlinie.

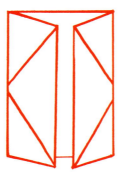

⑤ Wende die Form und achte darauf, dass die rechteckige Faltform quer zur Tischkante liegt. Falte beide kurze Kanten von rechts und links zur Mitte an die Bruchlinie.

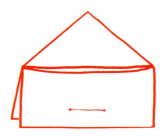

⑥ Falte nun die obere Kante auf die untere und schon entdeckst du die beiden Fächer deiner Geldbörse. Ziehe vorsichtig die dreieckige Deckelklappe aus einem der beiden Fächer heraus. Willst du das Aufspringen des Deckels verhindern, hilft ein kleiner Einschnitt.

Das Gürteltäschchen wird wie die Geldbörse gefaltet.

⑦ Markiere rechts und links vom Deckel den Verlauf des Einschnitts, verbinde die Punkte durch eine Linie und schneide dort sehr behutsam mit einer spitzen Schere oder einem Messer entlang. Du kannst auch deine Eltern oder älteren Geschwister bitten, das für dich zu tun. Stecke dann die Deckelklappe in den Einschnitt, damit dein Geld nicht herausfällt.

Geschenkbeutel und Taschen

Geschenkbeutel und Taschen ✱✱

Du brauchst ein quadratisches Blatt von mindestens 15 cm Kantenlänge. Faltpapier oder buntes Geschenkpapier eignen sich am besten. Durch bogenförmiges Abschneiden des oberen Randes lassen sich hübsche Einkaufstaschen für Puppen gestalten.

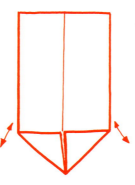

③ Wende die Faltform. Falte rechte und linke untere Ecke an die Mittelbruchlinie. Falte beide schrägen Brüche auch nach hinten als Gegenbrüche und öffne wieder.

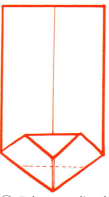

⑥ Falte nun die obere Ecke des Bodens nach unten ein wenig über die Mitte hinaus (etwa 1 cm).

Viele sehr klein gefaltete Geschenkbeutel kann man auch zur Weihnachtszeit an den Tannenbaum hängen. Faltblattgröße etwa 8 cm x 8 cm.

④ Für den Boden des Beutels falte den unteren Rand so weit nach oben, dass der neue Bruch die beiden schrägen Brüche an den Außenkanten berührt.

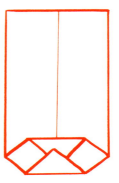

⑦ Falte in ähnlicher Weise die untere Ecke nach oben und befestige die Überlappung durch Kleben. Der Beutel oder die Tüte ist fertig.

Faltschritte

① Lege das Papier mit der Rückseite obenauf, falte das Buch und öffne wieder.

② Falte den Schrank dabei jedoch einige Millimeter über die Mittelbruchlinie hinaus, so dass die Kanten überlappen. Klebe diese Nahtstelle der Tüte von oben bis unten sorgfältig.

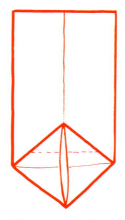

⑤ Fasse mit dem Daumen in den umgefalteten Rand hinein, drücke fest auf und ziehe nur den obenauf liegenden Rand wieder nach unten. Zwei Dreiecke entstehen.

Grundform für Geschenkbeutel und Einkaufstasche.

17

Zum Einkaufen

Kleingeldbeutel **

Falte für den Kleingeldbeutel den Klapperschnabel wie auf Seite 74 beschrieben. Schneide mit feiner, spitzer Schere vier kleine Löcher in die Schnabelspitze und ziehe dort eine ca. 40 cm lange, farblich passende Schnur durch. Den Beutel kannst du am Handgelenk oder am Gürtel tragen.

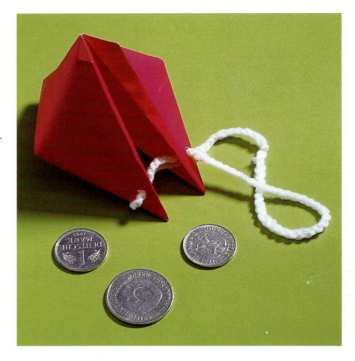

Unten:
Durch bogenförmiges Abschneiden des oberen Randes entstehen unterschiedliche Taschenformen.

Möbel für die Puppenstube **

Bank ** (auch Bett und Regal)

Für die abgebildeten Möbel braucht man zehn gleich große quadratische Faltblätter von etwa 12 cm Kantenlänge. Außer dem Tisch entstehen alle Möbel aus der Faltform Bank.

Faltschritte

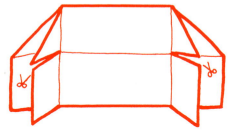

① Lege das Blatt mit der Rückseite obenauf und falte zunächst das Haus mit schrägem Giebel wie auf Seite 12 beschrieben.

② Drücke die Hausform ganz flach auf den Tisch und falte beide Giebelseiten zur Mitte.

③ Schneide nun beim obenauf liegenden Teil von rechts und dann von links auf dem kurzen Bruch entlang, wie es die Zeichnung zeigt.

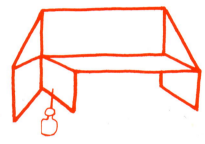

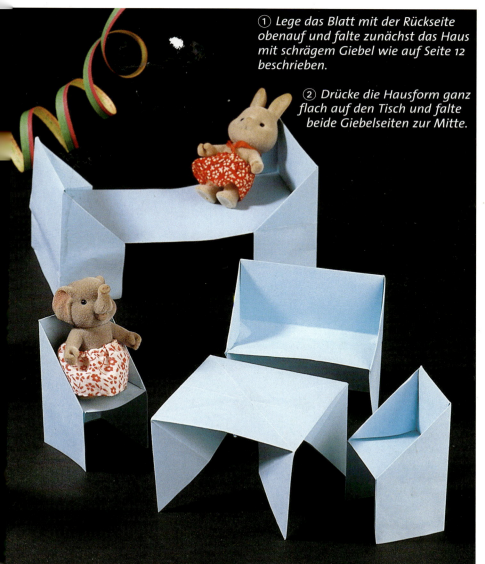

④ Wenn du willst, kannst du die beiden lose liegenden Dreiecke von rechts und links in die Faltform einschieben, so dass sie versteckt hinter dem oberen Rechteck (Banklehne) liegen.

⑤ Falte den unteren Teil als Sitzfläche nach oben und die kleinen Quadrate rechts und links nach unten als Beine.

⑥ Drücke die Seitenteile als Armlehnen an die Sitzfläche, klebe sie dort fest und stelle die Bank auf.

Für das Bett brauchst du zwei Bänke als Bettgiebel. Aus einem weiteren Faltblatt falte das Buch und lege die kurzen Kanten auf die Bankflächen, wie das Foto zeigt.
Soll ein Regal entstehen, steckt man drei Bänke gleicher Größe übereinander.

Möbel für die Puppenstube

Sessel **

Faltschritte

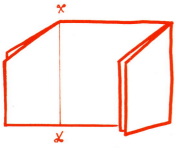

① Falte die Bank bis Schritt 2.

② Öffne die linke Seite wieder und schneide auf der Bruchlinie von unten nach oben den linken Teil ab.

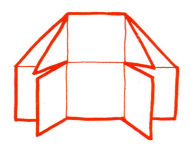

③ Falte an der Schnittkante erneut die Dachschräge in bekannter Weise.

④ Falte nun die Giebelschräge ganz nach rechts bis zur äußeren Bruchkante, so dass beide Schrägen überlappen. Öffne die Seiten wieder und schneide wie bei der Bank auf dem Bruch von rechts und von links nur die obenauf liegende Papierlage ein.
Der mittlere Teil bleibt dabei unberührt.

⑤ Stelle den Sessel auf, wie du es von der Bank schon kennst.

Tisch **

Auch der Tisch wird aus einem quadratischen Blatt gefaltet. Es sollte eine ähnliche Größe haben wie die Faltblätter für die beschriebenen Puppenstubenmöbel.

Faltschritte

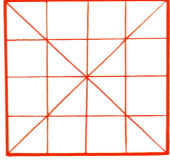

① Falte beide sich kreuzenden Mittelbrüche und öffne wieder.

② Jetzt falte zweimal den Schrank, du erhältst vier Kantenbrüche.

③ Falte beide Diagonalbrüche und öffne wieder.

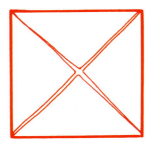

④ Wende und falte den Brief, öffne wieder.

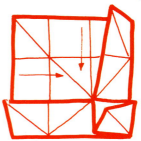

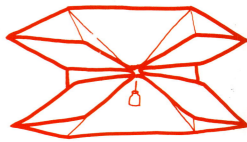

⑤ Wende und drücke das kleine Quadrat in der Mitte fest auf den Tisch, hebe die vier Außenränder schüsselartig nach oben und klebe die Mitte jeder Kante in der Mitte der Faltform fest. Stelle den Tisch auf die Beine.

Zum Spielen und Zaubern

Springfrosch **

Mit dem Springfrosch kannst du deine Freunde zu lustigen Wettspielen einladen. Der Frosch springt auf glatter Tischplatte ein Stück nach vorn, wenn du mit dem Finger auf sein Hinterteil drückst. Man muss es schon geschickt anstellen, wenn er schnell die Ziellinie erreichen soll.
Du brauchst ein rechteckiges Blatt, das die Größe zweier Quadrate hat. Wie du es zurechtschneidest, ist auf Seite 7 beschrieben. Es eignet sich Schreibpapier, Zeichen- und Packpapier, aber auch Origami- und Geschenkpapier.

Weite Sprünge erreicht der Frosch durch eine gefaltete Federung unter dem Hinterteil.

Faltschritte

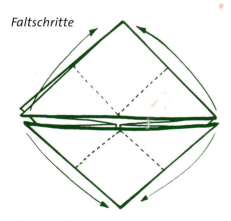

① Jedes der beiden Quadrate muss zum Fliegerdreieck gefaltet werden. Also: Falte bei beiden Quadraten jeweils beide Diagonalbrüche und falte zurück. Wende die Form.

② Falte nun bei jedem Quadrat den quer verlaufenden Mittelbruch, falte zurück und wende wieder.

③ Schiebe beide Quadrate zum Fliegerdreieck zusammen.

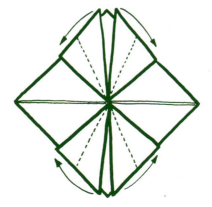

④ Die rechts bzw. links liegenden Spitzen müssen nun beim oberen Dreieck an die obere, beim unteren Dreieck an die untere Ecke gefaltet werden.

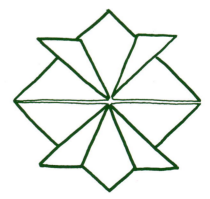

⑤ Jetzt falte die Kanten dieser vier kleinen Dreiecke jeweils nach außen an den zuletzt entstandenen kleinen Bruch.

Zum Spielen und Zaubern

⑥ Wende nun die Form. Du siehst ein großes Quadrat. Falte die oberen beiden Kanten des Quadrates zur Mitte, ähnlich wie bei der Drachenfaltung.

⑦ Falte die zuletzt entstandenen langen schrägen Brüche als Gegenbrüche, so dass die beiden schmalen Dreiecke direkt unter dem Froschkörper liegen. Du erkennst jetzt deutlich Vorderbeine, Kopf und Hinterteil des Frosches.

⑧ Damit dein Frosch gut springen kann, müssen noch einige Brüche am Hinterteil gefaltet werden. Wende dazu die Form und ziehe die Hinterbeine weit nach außen. Falte die untere Ecke nach oben, fast bis in das durch Bruchlinien gekennzeichnete Dreieck hinein.

⑨ Jetzt falte die Ecke wieder so weit nach unten, dass etwa die Hälfte des Dreiecks unten übersteht.

⑩ Zuletzt falte die überstehende Ecke wieder nach oben um, so dass der neue Bruch mit dem darunter liegenden bündig liegt. Lege dann die Hinterbeine wieder in die vorherige Lage und stelle den Frosch auf die Beine. Klebe noch große Froschaugen aus schwarzem und weißem Papier am Kopf auf und probiere dann, wie weit er springen kann.

Fangbecher **

Mit dem schnell und leicht zu faltenden Fangbecher kannst du erproben, wie geschickt du eine Kugel darin auffangen kannst, die an einem Faden hängt.
Je kleiner du den Becher herstellst, desto schwieriger wird das Auffangen. Du brauchst ein quadratisches Blatt von etwa 20 cm Kantenlänge. Es eignet sich Origamipapier, aber auch Schreib-, Zeichen- und Packpapier.

Faltschritte

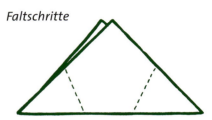

① Lege die Rückseite obenauf und falte das Kopftuch.

Etwas Geschick ist schon nötig, um die Kugel im Becher aufzufangen.

Zaubertüte

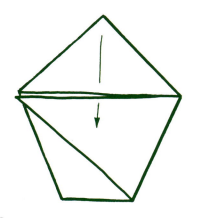

② *Nun falte die linke Spitze so an die rechte schräge Kante, dass oben ein gleichschenkliges Dreieck frei bleibt. Die rechte Spitze falte in ähnlicher Weise nach links an die soeben entstandene Ecke.*

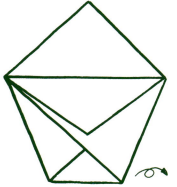

③ *Falte die obere obenauf liegende Ecke so weit wie möglich nach unten.*

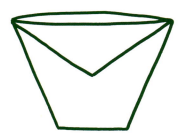

④ *Wende die Form und wiederhole Schritt 3.*

Schneide einen Faden aus Wolle oder Garn etwa 50 cm lang, fädle ihn mit einer Stopfnadel durch die Bodenmitte nach unten. Vorsicht! Der Knoten rutscht leicht durch den Boden. Bindest du aber einen kleinen Knopf oder einen kleinen Pappstreifen an das Ende des Fadens, bleibt er fest im Fangbecher hängen. An das andere Ende des Fadens binde eine kirschengroße Perle oder Kugel. Du kannst sie aus einem Stück Knetmasse auch selbst formen und härten, nachdem du das Loch für den Faden mit einem Holzstäbchen oder einem Strohhalm gebohrt hast.

Und nun viel Freude beim Fangspiel.

Zaubertüte **

Mit der Zaubertüte kannst du kleine Dinge wie den Radiergummi, die Haarspange, ein Geldstück o. Ä. verschwinden lassen und wieder hervorzaubern. Der Trick funktioniert durch die beiden absolut gleich aussehenden Öffnungen der Tüte. Du brauchst dazu ein rechteckiges Papier, das so groß ist wie zwei nebeneinander liegende Quadrate. Wie du es herstellen kannst, findest du auf Seite 7 beschrieben.

Faltschritte

① *Ist der kurze Mittelbruch bereits vorhanden, so lege das Rechteck quer auf den Tisch. Falte die linke untere Ecke schräg nach oben zur Kopftuchfaltung.*

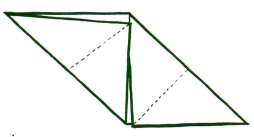

② *Nun falte die rechte obere Ecke schräg nach unten zum Kopftuch in gegenläufiger Richtung.*

Der Trick: Die Zaubertüte hat zwei Öffnungen.

Zum Spielen und Zaubern

Zappelkasper **

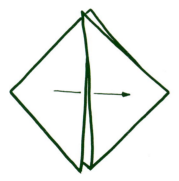

Einen lustigen, beweglichen Zappelkasper kannst du dir aus der dehnbaren Faltform Hexentreppe herstellen. Du brauchst dazu verschiedenfarbiges Papier, Nadel und Faden sowie für den Kopf eine Kugel oder große Perle, die du auch aus Knetmasse selbst herstellen kannst. Sie sollte ein wenig kleiner sein als ein Tischtennisball. Außerdem ein Faltblatt 10 x 10 cm für den Hut. Schneide dir sorgfältig folgende Papierstreifen:

Für den Rumpf zwei Streifen etwa 3 cm breit, etwa 25 cm lang

für die Arme vier Streifen etwa 2 cm breit, etwa 70 cm lang

für die Beine vier Streifen etwa 2 cm breit, etwa 80 cm lang

für die Halskrause einen Streifen 2 cm breit, etwa 25 cm lang.

③ *Jetzt falte den rechten Streifen nach links und weiter*

von oben nach unten
von links nach rechts
von unten nach oben ...

bis die Streifen aufgebraucht sind. Es entsteht eine dehnbare Hexentreppe.

Den Papierstreifen für die Halskrause falte in ganz schmalen Teilen zum Fächer, auch Treppe genannt, fädle ihn an einem Ende auf einen Faden und verknüpfe Anfang und Ende miteinander.

③ *Die linke obere Spitze muss nun nach unten und die rechte untere nach oben gefaltet werden.*

④ *Du siehst jetzt ein Quadrat, das aus zwei Dreiecken besteht. Falte das linke Dreieck genau auf das rechte, so dass die Form schon tütenähnlich aussieht.*

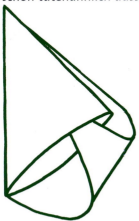

⑤ *Schau von oben in die Tüte. Du siehst drei Bruchkanten. Ziehe die mittlere schräg nach unten heraus und schiebe die Spitze in die zweite Tütenöffnung von unten her ein. Die Zaubertüte mit den zwei Öffnungen ist fertig. Jetzt probiere das Zaubern.*

Faltschritte für die Hexentreppe

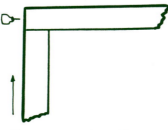

① *Nimm zwei Streifen, z. B. für die Arme, lege die Anfänge rechtwinklig übereinander, dass der quer liegende Streifen darüber liegt und klebe beide zusammen.*

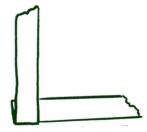

② *Falte den unteren Streifen nach oben.*

Faltschritte für den Hut

① *Lege das Faltblatt mit der Rückseite obenauf, falte den Drachen. Falte die untere Ecke nach oben.*

Zappelkasper

② Schiebe das untere Dreieck in den Drachen ein, dass nur noch die beiden schmalen Dreiecke sichtbar sind.

③ Schiebe nun beide schmalen Dreiecke so weit übereinander, dass der Hut auf den Kasperkopf passt und klebe den Hut längs zusammen. Soll der Kasper Locken tragen, schneide einige schmale Papierstreifen (2 bis 3 mm breit), klebe sie innen an den Hutrand und biege sie ein wenig nach außen.

Jetzt kannst du die wichtigsten Teile des Zappelkaspers schon zusammensetzen:
– Fädle einen dünnen, aber festen Faden durch eine Stopfnadel.
– Binde das Ende des Fadens an einen kleinen Knopf oder eine kleine Pappscheibe.
– Nimm die kurze Hexentreppe für den Rumpf und ziehe die Nadel unter der obersten Stufe in der Mitte von unten nach oben durch.
– Fädle dann mitten durch die Halskrause, durch den Kopf und schließlich durch den Hut.
– Nun erst klebe Arme und Beine an, indem du jeweils die Enden der Hexentreppen ein wenig übereinander schiebst.
– Schuhe, Handschuhe wie auch die Gesichtsformen kannst du nach freier Fantasie schneiden und aufkleben. Das Foto zeigt eine Möglichkeit.

Beim Zusammensetzen der Zappelkasper brauchst du sehr geschickte Hände.

25

Wasserspiele

Wasser-spiele

Schiff *

Das Schiff wird aus rechteckigem Papier gefaltet, etwa von der Größe deines Zeichenblocks, DIN A 4, oder größer.

Faltschritte

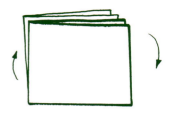

② *Jetzt falte kurze Kante auf kurze Kante und zurück.*

Zum Spielen am Wasser kannst du Boote und Schiffe leicht selbst anfertigen. Nimm Origami-, Schreib- oder Zeichenpapier. Auch aus der Zeitung kannst du Schiffe falten. Sehr günstig ist Transparentpapier, da es nicht so schnell durchweicht wie andere Papiere.

① *Falte das Buch über den kurzen Mittelbruch.*

③ *Genau wie beim Helm falte beide oberen Ecken an die Bruchlinie.*

Dampfer

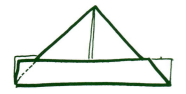

④ Nun falte den unteren Rand nach oben über die Dreiecke, wende und falte dort ebenso.

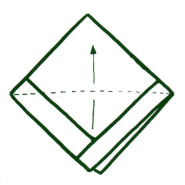

⑤ Ziehe die Form am unteren Rand breit, so dass ein Quadrat entsteht.

⑥ Falte die obenauf liegende Ecke von unten ganz nach oben. Wende und vollziehe den Schritt nochmals. Eine dreieckige Form ist entstanden.

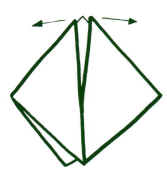

⑦ Ziehe das Dreieck an der Öffnung breit, so dass wieder ein Quadrat entsteht.

⑧ Fasse die beiden oberen Spitzen und ziehe sie vorsichtig auseinander. Die Bordwände deines Schiffes richten sich auf.

Dampfer **

Für den Dampfer brauchst du ein möglichst großes quadratisches Blatt von mindestens 20 cm Kantenlänge.

Faltschritte

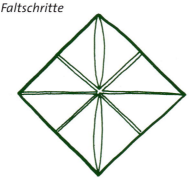

① Falte zuerst den einfachen Brief.
② Wende und falte erneut die vier Ecken zur Mitte als Doppelbrief.
③ Wende nochmals und falte wieder den Brief, also den Dreifachbrief (bei Grundformen).

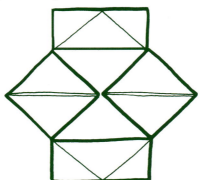

④ Wende die quadratische Form und lege sie mit einer Ecke zur Tischkante.

Du erkennst vier kleine Quadrate. Hebe das obere und untere Quadrat leicht an, und schiebe dabei die inneren Ecken nach außen. Drücke die nun entstandenen Rechtecke flach als Schornsteine des Dampfers.

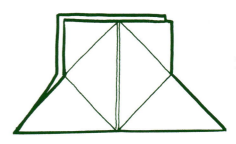

⑤ Falte den unteren Schornstein auf den oberen.

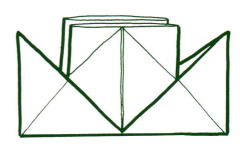

⑥ Fasse zwischen den Schornsteinen in den Dampfer und ziehe Bug und Heck heraus.

Wasserspiele

Segelboot ***

Du brauchst ein mittelgroßes Faltblatt von etwa 12 bis 15 cm Kantenlänge. Es ist günstig, wenn es nur einseitig farbig ist.

Faltschritte

① Lege die farbige Seite obenauf. Falte den Diagonalbruch und dann den Drachen. Drehe ihn mit der Spitze nach oben.

② Falte die linke Drachenhälfte auf die rechte.

③ Jetzt falte die untere kurze Kante schräg nach oben, so dass mit dem Segel ein rechter Winkel entsteht, öffne wieder und falte nach hinten zum Gegenbruch und zurück.

④ Öffne das Segel von rechts leicht, stülpe das untere kleine Dreieck nach oben um und drücke das Segel wieder zusammen.

⑤ Falte die untere Ecke am Boot um, dass eine kurze Bruchkante entsteht, falte auch als Gegenbruch und zurück.

⑥ Spreize wieder leicht das Segel und drücke das kleine Dreieck am Boden vorsichtig in das Bootsinnere ein. Drücke oder klebe das Segel wieder zusammen.

28

Was sich im Wind bewegt

Drachen *

Du brauchst für den Drachen ein quadratisches Faltblatt von beliebiger Größe sowie verschiedenfarbiges Papier für das lustige Gesicht und den Schwanz. Die Drachenfaltung gehört zu den einfachen Grundformen.

Faltschritte

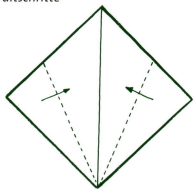

① Lege die Rückseite obenauf, falte den Diagonalbruch und öffne wieder.

② Falte beide unteren Kanten an den Bruch. Wende den Drachen für das weitere Gestalten.

Einfache Windmühle *

Am besten eignet sich für die einfache Mühle fester Zeichenkarton. Schneide ein Quadrat von mindestens 15 cm Kantenlänge. Du brauchst außerdem zwei erbsengroße Perlen, einen kurzen Nagel und ein Stöckchen.

Faltschritte

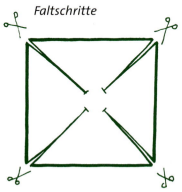

① Falte zweimal das Kopftuch, dass die Brüche sich kreuzen, und öffne wieder. Miss mit einem Lineal auf den Brüchen vom Mittelpunkt aus jeweils 2 cm ab und markiere die vier Stellen mit dem Bleistift. Schneide nun von den Ecken aus auf den Brüchen entlang bis zu den Markierungen.

② Biege die jeweils rechts vom Einschnitt liegende Spitze zum Mittelpunkt und klebe sie dort fest. Zur besseren Befestigung kannst du noch eine andersfarbige runde Papierscheibe darüber kleben. Der Nagel mit der Perle wird in der Mitte durch die Mühle geführt. An der Rückseite kann man den Nagel mit einer zweiten Perle durch leichte Hammerschläge am Stöckchen befestigen. Bitte dazu deine Eltern um Unterstützung.

Feste Windmühle **

Für die feste Mühle solltest du ein recht großes quadratisches Faltblatt wählen, keinesfalls kleiner als 20 x 20 cm. Auch bei dieser Windmühle brauchst du für das Zusammenbauen zwei Perlen, einen Nagel und ein Stöckchen.

Faltschritte

① Falte zuerst die Grundform Tischtuch wie auf Seite 10 (zweimal Buchfaltung und öffnen – zweimal Schrankfaltung und öffnen – zweimal Kopftuchfaltung und öffnen – wenden, Brieffaltung, wenden.

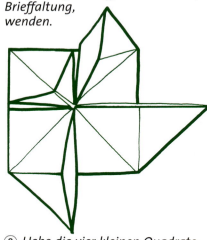

② Hebe die vier kleinen Quadrate leicht an und drücke sie in eine Richtung, also alle nach links oder alle nach rechts.
Du erkennst jetzt die vier Flügel der Mühle. Da sie hohl sind, fängt der Wind sich gut darin und treibt die Mühle an. Befestige die Mitte durch Aufkleben einer runden Papierscheibe. Das Zusammenbauen geschieht wie bei der einfachen Windmühle.

Düsenjäger ***

Wenn du schon sehr geschickte Hände hast, wird dir der pfeilschnelle Düsenjäger gut gelingen. Du brauchst ein großes quadratisches Faltblatt von mindestens 20 cm Kantenlänge. Schreib- und Origamipapier sind am besten geeignet.

Faltschritte

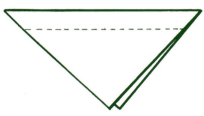

① Falte das Kopftuch und drehe die Ecke zur Tischkante.

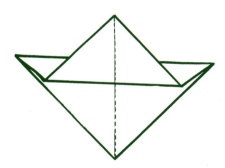

② Nun falte die obenauf liegende Ecke so weit nach oben, dass der neue Bruch etwa zwei Finger breit unter dem großen Bruch liegt.

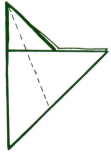

③ Lege den linken spitzen Flügel genau auf den rechten, ziehe den entstehenden senkrechten Bruch gut nach und falte zurück.

④ Falte jetzt rechte und linke Kante des oberen Dreiecks an den mittleren Bruch, ähnlich wie bei der Drachenfaltung.

⑤ Falte beide Kanten von der Mitte her nach rechts und links an die Bruchkanten.

⑥ Jetzt falte die obere Spitze des Fliegers etwa 3 cm nach unten. Falte die Spitze wieder nach oben, so dass der neue Bruch etwa 1 cm unter dem oberen Bruch liegt.

⑦ Nun falte die rechte auf die linke Seite und drehe die Flügel zur Tischkante.

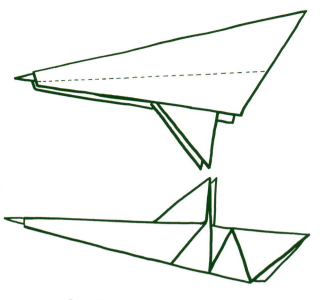

⑧ Falte jetzt die untere obenauf liegende Bruchkante mit dem Flügel nach oben an den langen Bruch, auf der Rückseite in gleicher Weise. Wende den Flieger, fass ihn von unten an der mittleren Talfalte und lass ihn durch die Luft segeln.

Schnell gefaltet: Die feste Windmühle und der Düsenjäger für das lustige Spiel im Freien.

Zum Verkleiden

Unterschiedliche Hüte und Mützen brauchst du für dich oder deine Puppen vor allem in der Fastnachtszeit und für Märchenspiele. Sie lassen sich ganz einfach und schnell falten. Willst du dich selbst damit schmücken, wähle das Papier so groß wie die Seite einer Tageszeitung. Für deine Puppen brauchst du nur die Hälfte oder kleiner. Alle hier beschriebenen Kopfbedeckungen werden aus rechteckigem Papier gefaltet und entstehen sämtlich aus der Helmform. Zum Falten eignet sich außer Zeitungspapier auch Packpapier und buntes Geschenkpapier.

Helm *

Faltschritte

① Falte das Buch über den kurzen Mittelbruch.

② Falte das Taschentuch und öffne wieder. Dieser Bruch dient nur zur Markierung der Mitte.

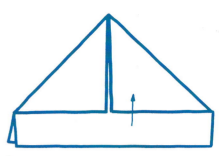

③ Nun falte wie beim Schiff obere rechte und linke Kante an den mittleren Bruch.

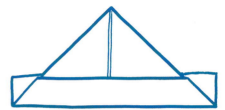

④ Den unteren obenauf liegenden Rand falte nach oben und knicke die beiden überstehenden Ecken nach hinten. Wende und falte in gleicher Weise. Der Helm ist fertig.

Jägerhut

Holländermützchen *

Faltschritte

① Falte den Helm wie beschrieben, ziehe ihn am unteren Rand breit, dass eine quadratische Form entsteht.

② Nun falte die obenauf liegende Ecke etwa 3 cm um, auf der Rückseite ebenso. Dann ziehe das Mützchen an den Ecken breit und probiere, ob es gut passt.

Rotkäppchenmütze **

Faltschritte

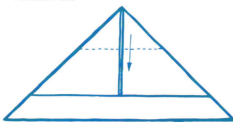

① Falte zuerst den Helm. Lege die Seite obenauf, wo an der Helmspitze beide Dreiecke sichtbar sind.

② Jetzt falte die Helmspitze etwa 5 cm nach unten. Sollte der Rand sehr breit sein, schiebe sie dahinter und klebe sie fest.

③ Falte nun an den beiden markierten Stellen zwei Gegenbrüche und falte zurück. Sie dienen zur besseren Formung des Mützchens.
Ziehe das Mützchen am unteren Rand breit und hefte zwei Bänder oder Schnüre von je 40 cm Länge an den Ecken an.

Brauchst du eine Haube für Rotkäppchens Großmutter oder für Frau Holle, dann falte die Rotkäppchenmütze in weißem Papier und bringe am vorderen Rand eine Rüsche aus feinem Stoff oder Kreppapier an.

Jägerhut *

Faltschritte

① Falte den Helm und ziehe ihn am unteren Rand breit zu einer quadratischen Form.

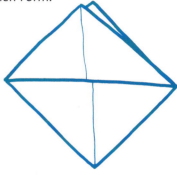

② Nun falte die obenauf liegende Ecke vom unteren Rand ganz nach oben.

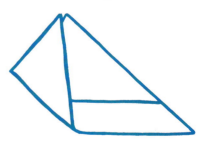

③ Ziehe den Hut am Kopfrand wieder in Längsrichtung und setze ihn mit dem Aufschlag nach hinten auf den Kopf. Als Schmuck kannst du eine Blume oder eine Feder hinter den Rand stecken.

33

Zum Verschenken

Zum Verschenken

Quadratischer Bilderrahmen zum Aufhängen*

Verschenkst du gern selbst gemalte Bilder oder Fotografien? In einem Rahmen wirkt jedes Bild viel schöner. Er hebt dein Bild gut hervor. Du kannst Bilderrahmen selbst herstellen ebenso wie kleine Kästchen und Körbchen für Geschenke.

Für den Bilderrahmen eignet sich Origamipapier, aber auch farbiger Zeichenkarton, Geschenk- oder Packpapier. Achte darauf, dass du das Quadrat sehr genau schneidest, es sollte nicht kleiner als 20 x 20 cm sein.

Faltschritte

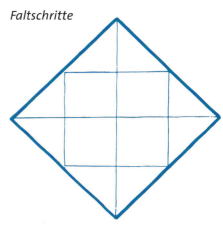

① Lege die Rückseite obenauf und falte zweimal das Kopftuch, also beide Diagonalbrüche, und öffne wieder. Falte den Brief.

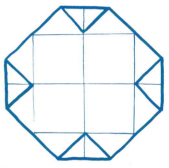

② Öffne die Faltform und falte jede Ecke bis zur ersten Bruchkreuzung um.

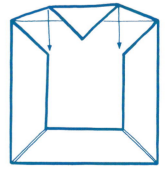

③ Falte nun die Ränder auf den bereits vorhandenen Brüchen nach innen, so dass die kleinen Dreiecke nicht mehr sichtbar sind. Schiebe dein Bild in den Rahmen und klebe die Ränder fest. Klebe auch an der Rückseite genau in der oberen Mitte eine kleine Fadenschlinge zum Aufhängen an.

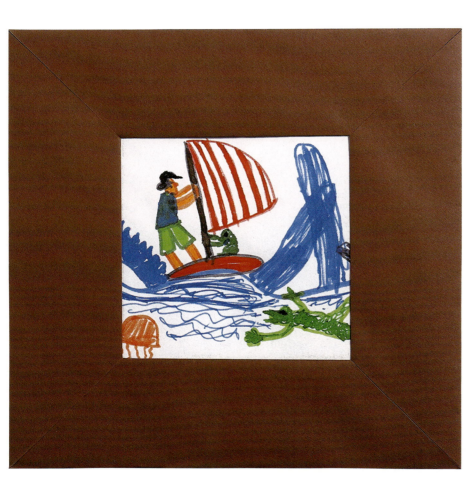

Verschenkst du gern selbst gemalte Bilder oder Fotografien? Ein gefalteter Bilderrahmen hebt dein Bild besonders hervor.

Aufstellbarer Bilderrahmen

Aufstellbarer Bilderrahmen **

Für diesen rechteckigen Bilderrahmen eignet sich farbiges Zeichen-, Geschenk- oder Packpapier am bes-ten. Es sollte rechteckig sein, mindestens in der Größe deines Zeichenblocks im Format DIN A4 (21 cm x 29,7 cm).

Du kannst den Rand noch mit einer Schmuckkante verzieren. Verwende dazu am besten Pinsel- oder Stempeldruck, geschnittene oder gezeichnete Formen.

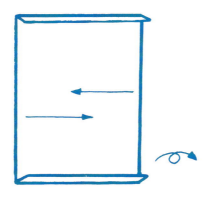

① Lege das Blatt mit der Vorderseite obenauf und falte beide kurzen Kanten etwa 3 cm um.

② Wende das Blatt und falte die beiden langen Kanten so zu einer gedachten Mittellinie, dass sie dort etwa 1 cm überlappen.

③ Schiebe nun an den umgefalteten Rändern die Teile ineinander.

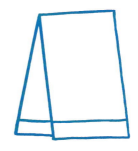

④ Falte nun den unteren Rand genau auf den oberen, stelle den Bilderrahmen auf die »Beine« und schiebe das Bild in den Rand ein.

35

Feste Faltschachtel mit Deckel

Einfache Faltschachtel oder Körbchen **

Faltschritte

① Lege die Rückseite obenauf, falte das Buch und öffne. Falte den Schrank.

② Jetzt falte sehr sorgsam beide in der Mitte liegenden Kanten etwa 1 cm um, streiche die beiden Brüche gut aus und falte die Ränder wieder zurück zur Mitte.

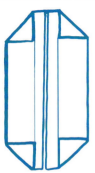

③ Nun falte alle vier Ecken an die zuletzt entstandenen Brüche.

④ Falte wieder die beiden Ränder um, diesmal über die Dreiecke.

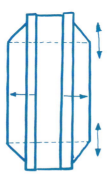

⑤ Falte nun untere und obere Kante so weit um, dass die Brüche mit den Dreiecken abschließen. Falte diese Brüche auch nach hinten (Gegenbrüche) und wieder zurück.

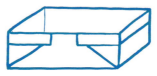

⑥ Fasse die beiden Ränder in der Mitte und ziehe sie vorsichtig auseinander. Die Seitenwände der Schachtel richten sich auf.

Willst du ein Körbchen gestalten, so schneide einen 2 cm breiten und 25 cm langen Streifen aus gleichem Papier und klebe ihn als Henkel an, wie das Foto links zeigt. Der Festigkeit wegen kannst du ihn auch doppelt oder dreifach kleben.

Feste Faltschachtel mit Deckel **

Faltschritte

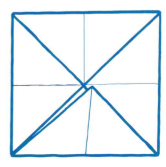

① Lege die Rückseite des quadratischen Blattes obenauf. Falte den Brief.

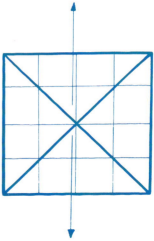

② Aus dem Brief faltet man zweimal den Schrank. Es entstehen vier neue Brüche. Falte zurück.

Seite 36:
Unterschiedliche Faltschachteln oder Körbchen brauchst du öfters für kleine Geschenke. Aus mehreren rechteckigen Schachteln kannst du auch eine Eisenbahn oder einen Puppenwagen herstellen.

37

Zum Verschenken

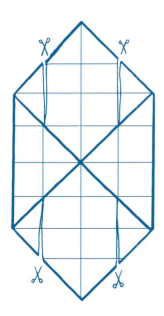

Rechteckige Faltschachtel ***

Trotz ihrer rechteckigen Form wird sie aus quadratischem Papier gefaltet. Probiere erst die feste Faltschachtel, bevor du dich an die rechteckige heranwagst.
Du kannst sie ebenfalls als Überraschungspäckchen verwenden. Aber es lassen sich auch Puppenwagen, kleine Eisenbahnwagen mit Lokomotive oder ein Traktor mit Hänger daraus gestalten. Sicher findest du noch weitere Möglichkeiten.

Faltschritte

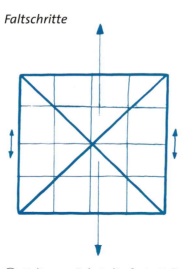

① Falte zunächst die feste Faltschachtel bis zum Schritt 3. Nun falte die untere Kante des Briefes auf die obere und zurück.

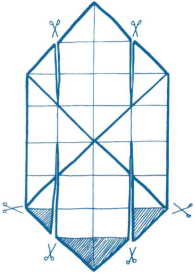

② Klappe die obere und die untere Ecke heraus. Schneide oben auf beiden Bruchlinien bis zur zweiten Bruchkreuzung ein. Beim unteren Dreieck schneide jedoch bis zur dritten Bruchkreuzung ein und schneide die in der Zeichnung schraffierten Teile ab.

③ Klappe das obere und das untere Dreieck auf. Schneide jeweils rechts und links der beiden Ecken auf den Brüchen bis zur zweiten Bruchkreuzung ein (siehe Zeichnung).

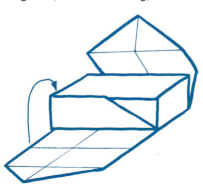

④ Stelle rechts und links die Seitenwände auf und schiebe die beiden durch das Einschneiden entstandenen Spitzen übereinander. Falte den Mittelteil darüber, bis die Ecke im Mittelpunkt der Schachtel liegt. Die noch offene Seite falte in gleicher Weise.

Natürlich kannst du auch bei dieser Schachtel einen Streifen als Henkel ankleben. Ein Deckel für die Schachtel wird in gleicher Weise gefaltet, jedoch sollte dafür das Faltblatt etwa 1 cm größer sein, damit er bequem über den Rand passt.

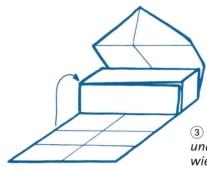

③ Stelle nun die Seitenwände hoch und baue die Schachtel ganz ähnlich wie die vorherige auf.

Für Feste und Feiern

– Faltformen für Glückwunsch- und Tischkarten sowie für das Schmücken von Geschenkpäckchen
– Fenster-, Raum- und Tischschmuck

Gepresste Tulpe **

Sie ist schnell und einfach zu falten und eignet sich gut zum Aufkleben auf Karten und Geschenkanhängern. Du brauchst dazu zwei kleine quadratische Faltblätter von unterschiedlicher Farbe, z. B. rot und rosa, und von unterschiedlicher Größe, z. B. 10 x 10 cm und 8 x 8 cm.

Faltschritte

① Beginne mit dem größeren Blatt. Lege die Rückseite obenauf. Falte das Kopftuch und markiere dir nur auf dem Diagonalbruch die Mitte durch einen winzigen Knick.

② Falte ausgehend von der Markierung rechte und linke Spitze schräg nach oben. Die Abstände zur oberen Ecke sollten gleich sein wie bei der Zeichnung.

③ Aus dem kleineren Blatt falte die gleiche Form, halte aber den Abstand zur oberen Ecke etwas kürzer und schiebe die kleine Form in die große ein. Du kannst noch Stängel und Blätter ausschneiden und zusammen mit der Blüte aufkleben.

Für Feste und Feiern

Falter oder Blüte für Grußkarten **

Je nach Anordnung kannst du aus dieser einfachen Faltform einen Falter oder eine Blüte gestalten. Sie ist wie die gepresste Tulpe in ihrer flachen Form für Bilder oder Grußkarten geeignet. Nimm dazu quadratische einseitig farbige oder auch durchgefärbte Faltblätter.
Mit Seidenpapier, gemustertem Geschenkpapier oder Strohseide erreichst du reizvolle Effekte. Für den Falter werden zwei gleiche Blätter benötigt, für eine große rosettenartige Blüte drei.

Faltschritte

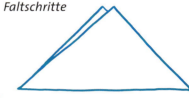

① Falte das Kopftuch mit der farbigen Seite nach außen.

② Drehe die Form, so dass der Bruch oben liegt. Falte die doppelt liegende Ecke etwa bis zur Hälfte nach oben.

③ Markiere auf dem unteren Bruch die Mitte und falte von dort aus erst die linke, dann die rechte Spitze schräg nach oben.

Der Falter besteht aus zwei gleichen oder ähnlichen Teilen. Aus drei Teilen kannst du eine große, dekorative Blüte zusammensetzen.

39

Für Feste und Feiern

Beim Auffädeln der Trichterwinden-Blüten für diese hübsche Girlande solltest du nach jeder Blüte ein 1 cm langes Stück Strohhalm einfügen, damit sich die einzelnen Blüten nicht so weit ineinander schieben.

Trichterwinde ***

Diese Blütenform ist ein frühlingshafter Schmuck für den Tisch, Tischkarten, für Geschenkpäckchen und Osterkörbchen. Wenn man mehrere Blüten auf einen Faden zieht, hat man ein hübsches Pendel, das man ins Fenster hängen kann.
Die Trichterwinde entsteht aus einem kleinen bis mittelgroßen Faltblatt von 8 bis 12 cm Kantenlänge. Das Papier sollte durchgefärbt sein.

④ Wende die Form und wiederhole die Schritte 2 und 3. Schneide jetzt wie in der Zeichnung die Blütenblätter am oberen Rand in geschwungener Linie etwas kürzer. Setze die Schere bereits in der Mitte der kurzen seitlichen Brüche an.

⑤ Drücke dann die vier Blütenblätter weit nach außen.

② Falte beide obenauf liegenden Ecken von rechts und links zur Mitte an den Diagonalbruch.

Faltschritte

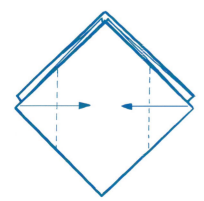

① Falte das zusammengeschobene Quadrat wie auf Seite 10 (zweimal Kopftuchfaltung – wenden – zweimal Buchfaltung).

③ Jetzt falte beide Bruchkanten unterhalb der Dreiecke an den Diagonalbruch.

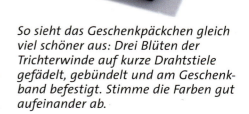

So sieht das Geschenkpäckchen gleich viel schöner aus: Drei Blüten der Trichterwinde auf kurze Drahtstiele gefädelt, gebündelt und am Geschenkband befestigt. Stimme die Farben gut aufeinander ab.

40

Lilie

Lilie ****

Wer schon meisterhaft falten kann, wird sicher bei der schwierigen Lilie erfolgreich sein. Aber etwas Geduld musst du schon aufbringen. Falte deshalb erst mit einem Übungsblatt aus Schreibpapier, ehe du mit Origamipapier beginnst. Dein quadratisches Blatt sollte 15 bis 20 cm Kantenlänge haben.

Faltschritte

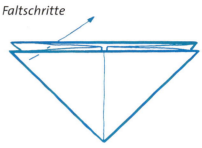

① Lege das Blatt mit der Vorderseite obenauf und falte das Fliegerdreieck (zweimal Buchfaltung – wenden – zweimal Kopftuchfaltung).

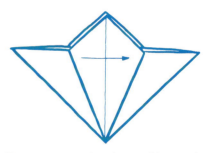

② Hebe die linke obenauf liegende Spitze an, drücke sie hohl und falte sie über der Mittelachse breit, so dass sie eine Drachenform annimmt. Wende und wiederhole den Faltschritt.

Die Lilie – eine der beliebtesten klassischen Faltformen – ist vielfältig verwendbar: einzeln als Schmuck für Tischkarten, am umwickelten Drahtstiel als Pflanzeneinstecker oder als Riesenblütenkugel aus ca. 20 Lilien, die mit kleinen Holzspießen in eine Polystyrolkugel gesteckt werden.

41

Für Feste und Feiern

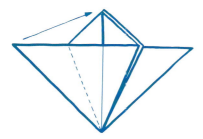

③ Lege nun die linke Drachenhälfte auf die rechte.

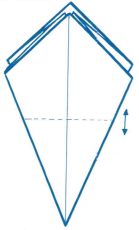

④ Hebe die linke Spitze an und falte sie breit. Wende und wiederhole den Schritt.

⑤ Ein Hilfsbruch ist nötig, der das weitere Arbeiten erleichtern soll. Dazu falte die untere Spitze ganz nach oben an die Ecke, falte auch den Gegenbruch und öffne wieder.

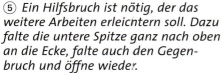

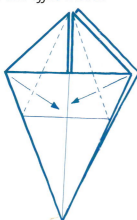

⑥ Blättere um wie in einem Buch, so dass die quer verlaufende Kante sichtbar ist.

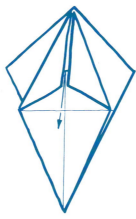

⑦ Falte nun die beiden obenauf liegenden kurzen Kanten von oben an den mittleren Bruch.

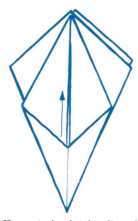

⑧ Öffne wieder leicht die schmalen Dreiecke und ziehe die quer liegende Kante nach unten. Beide Dreiecke sind jetzt länger geworden; drücke sie fest.

⑨ Die kleine, neu entstandene Ecke in der Mitte der Faltform lege nach oben.

⑩ »Blättere« zweimal weiter, bis die quer liegende Kante erscheint und wiederhole noch dreimal die Schritte 7, 8 und 9.

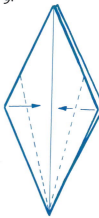

⑪ »Blättere« um, so dass die kleine mittlere Ecke nicht mehr sichtbar ist.

⑫ Falte im unteren Teil rechte und linke obenauf liegende Bruchkanten an den mittleren Bruch.

Seerose

Seerose ✳✳✳

Sie ist eine schnell zu faltende, interessante Blütenform, die sich auf Geschenkpäckchen oder zur Tischdekoration eignet. Zartfarbige Servietten, zu Seerosen gefaltet, gelten als auserlesener Tafelschmuck. Mit Erdbeeren, Kirschen oder Bonbons gefüllt, bereichert die Seerose den Tisch zur Kinderparty im Garten. Verwende dazu die größten durchgefärbten quadratischen Faltbätter bzw. die handelsüblichen Zelltuchservietten.

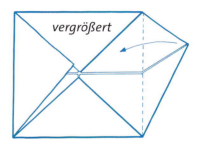

Faltschritte

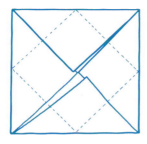

① *Falte den Brief.*

② *Falte die vier äußeren Ecken des Briefes zur Mitte.*

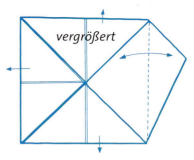

③ *Wende die Form und falte erneut die vier äußeren Ecken zur Mitte. Streiche die dicken Brüche sorgfältig aus.*

⑬ *»Blättere« zweimal weiter und wiederhole Schritt 12, bis er insgesamt viermal gefaltet wurde. Die Faltform ist dann sehr schmal.*

⑭ *Falte oder biege nun die vier Blütenblätter nach außen, wie es das Foto auf Seite 41 zeigt.*

Die Seerose – ein festlicher Tischschmuck. Auch Servietten können so gefaltet werden.

43

Für Feste und Feiern

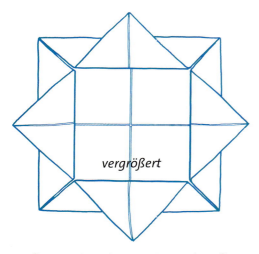

vergrößert

④ Lege die Ecken wieder nach außen und wende die Form. Falte die vier Ecken aus der Mitte heraus so weit nach außen, dass sie etwa zur Hälfte über den Rand stehen.

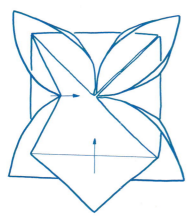

⑤ Wende die Form und falte auf den bereits vorhandenen Brüchen kurz nacheinander die vier Ecken zur Mitte und halte sie zunächst durch Aufdrücken des Fingers fest.

⑥ Forme die vier entstandenen Blütenblätter gleichmäßig aus und ziehe an der Unterseite der Blüte die vier Ecken so weit es geht vorsichtig nach außen.
Die Seerose ist jetzt schüsselartig gerundet und springt nicht mehr auf. Eine noch schönere Wirkung erreichst du, wenn du eine kleiner gefaltete Seerose in die Mitte der größeren setzt.

Osterküken ***

von Paul Jackson

Verwende kleine bis mittelgroße gelbe oder orangefarbene quadratische Faltblätter. Sie sollten durchgefärbt sein.

Faltschritte

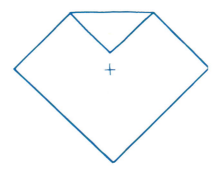

① Markiere durch zwei angedeutete Diagonalbrüche den Mittelpunkt des Faltblattes. Falte die obere Ecke so weit nach unten, dass etwa eine Fingerbreite bis zum Mittelpunkt frei bleibt.

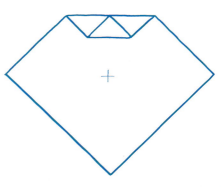

② Falte die gleiche Ecke nach oben an den kurzen Bruch.

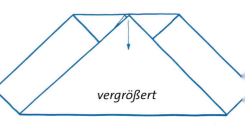

vergrößert

③ Falte die untere Ecke so weit nach oben, dass sie genau deckungsgleich über dem kleinen oberen Dreieck liegt.

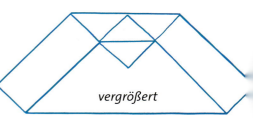

vergrößert

④ Falte die gleiche Ecke so weit nach unten, dass die zwei Brüche dicht aneinander liegen.

vergrößert

⑤ Für die Faltung des Schnabels wird zunächst bei dem unteren kleinen Dreieck die rechte Kante schräg nach oben an den kurzen Bruch gefaltet und gleich wieder zurückgelegt. Wiederhole die Faltung mit der linken Kante des kleinen Dreiecks.

Osterküken

vergrößert

⑥ Falte beim oberen Dreieck zwei gleiche Brüche.

vergrößert

⑦ Drücke nun bei jedem kleinen Dreieck die zuletzt gefalteten schrägen Brüche jeweils gleichzeitig nach, so dass sich in der Mitte eine Spitze erhebt.

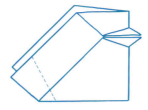

⑧ Wende die Faltform und falte die rechte Seite genau auf die linke. Am neu entstandenen Bruch zeichnet sich jetzt deutlich der Schnabel ab.

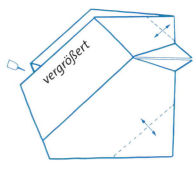

vergrößert

⑨ Falte das zu lange Hinterteil durch zwei schräge Brüche nach innen und klebe sie dort zusammen.

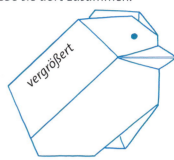

vergrößert

⑩ Falte die vordere untere Ecke durch einen Gegenbruch um und schiebe das Dreieck ein. Falte in gleicher Weise an der Stirn des Kükens. Forme den Körper etwas rund aus, damit das Küken dicker erscheint.

Das Küken – eine neue Faltform als Schmuck für Osterkörbchen oder für den festlichen Tisch.

Für Feste und Feiern

Rosettenartiger Stern ✳✳✳

Er ist ein sehr schöner, aber nicht ganz einfach zu faltender Origami-Stern, der wegen seiner vielfältigen Verwendungsmöglichkeiten immer aufs Neue Freude bereitet. Man kann ihn als Tischschmuck, für Weihnachts- oder Tischkarten, auch als Geschenkanhänger oder Baumschmuck verwenden. Sechs Rosetten zusammengefügt zu einer Blütenkugel, ergeben einen frühlingshaften Schmuck für das Fenster.
Wichtig ist, dass das Papier nur einseitig gefärbt ist, dabei kann es einfarbig oder gemustert sein. Das quadratische Blatt sollte nicht unter 12 cm Kantenlänge haben und sehr genau zurechtgeschnitten sein. Origamipapier ist ideal geeignet, aber auch Geschenkpapier bringt sehr schöne Ergebnisse.

Faltschritte

① Lege das Blatt mit der Rückseite obenauf und falte die Grundform Tischtuch wie auf Seite 10:

Zweimal Buch und öffnen
zweimal Kopftuch – öffnen
zweimal Schrank – öffnen
wenden – Brief – öffnen – wenden.

② Ziehe die Brüche der vier kleinen obenauf liegenden Quadrate nochmals gut nach. Falte jeweils die offenen Kanten der kleinen Quadrate an den Diagonalbruch. Es entstehen acht kleine schmale Dreiecke.

③ Öffne jetzt die kleinen schmalen Dreiecke und falte sie breit. Sie sehen aus wie kleine Pantöffelchen.

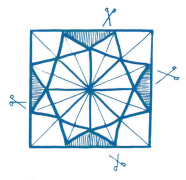

④ Nun schneide zuerst vorsichtig an jeder Kantenmitte des Bodenquadrates ein Dreieck heraus (siehe Zeichnung). Beschädige dabei die Pantöffelchen nicht! Wenn du die Mitte mit einem runden Stück Papier durch Kleben befestigst, hast du bereits ein hübsches Sternchen. Du kannst aber auch noch weitere Teile abschneiden.

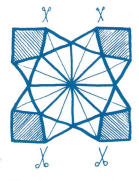

⑤ Schneide vorsichtig die vier überstehenden Ecken ab, so dass das Sternchen nun eher rund erscheint.

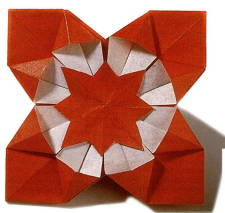

Variante des rosettenartigen Sterns

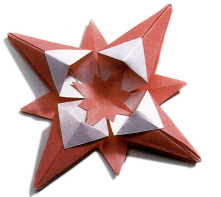

Variante des rosettenartigen Sterns ✱✱✱

Faltschritte

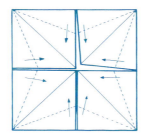

① Lege das Blatt mit der Rückseite obenauf und falte das Tischtuch.

⑥ Willst du eine Blütenkugel herstellen, so schneide nichts ab, sondern knicke jeweils vier Ecken als Klebefalze um.

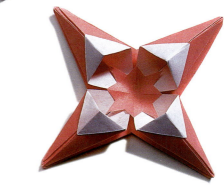

② Falte die geschlossenen Kanten, also die kurzen, außen liegenden Bruchkanten der vier kleinen Quadrate jeweils an den Diagonalbruch.

③ Zur Befestigung falte die vier Dreiecke aus der Mitte nach außen und drücke die so entstandenen spitzen »Pantöffelchen« etwas hohl.
Zum Abschneiden des überstehenden Randes hast du zwei Möglichkeiten, wie die Abbildungen zeigen.

Unten:
Frühlingshafte Blütenkugel als Raum- oder Fensterschmuck, bestehend aus sechs rosettenartigen Sternen.

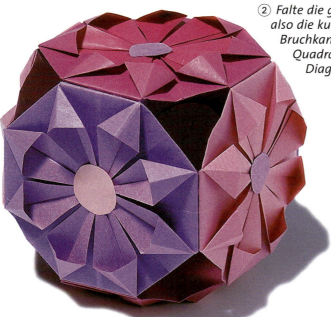

47

Für Feste und Feiern

Einfaches Weihnachtsbäumchen **

Du brauchst ein quadratisches Blatt von beliebiger Größe. Es eignet sich Origamipapier, auch grün gemustertes Geschenkpapier ergibt eine schöne Wirkung.

Faltschritte

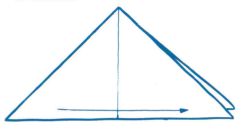

① Lege die Vorderseite des Blattes obenauf und falte das Fliegerdreieck (siehe Seite 10).

② Falte die linke Hälfte auf die rechte, so dass nun alle vier schrägen Bruchkanten rechts liegen.

③ Schneide jetzt kleine, nach unten größer werdende Teile an den schrägen Bruchkanten heraus. Achte darauf, dass dazwischen immer ein Stück schräge Bruchkante stehen bleibt. Drücke die Schrägen in vier verschiedene Richtungen und stelle das Bäumchen auf oder klebe es in eine Weihnachtskarte ein.

Weihnachtsbäumchen aus mehreren Etagen **

Man kann einen Nadelbaum aus drei oder vier unterschiedlich großen Fliegerdreiecken herstellen.
Du brauchst also Faltblätter in verschiedenen Größen, z. B. 12 cm, 10 cm, 8 cm und 6 cm Kantenlänge. Beginne mit der unteren Etage, also mit dem größten Fliegerdreieck. Klebe es unten zusammen, damit es sich beim Aufstellen nicht spreizt. Bringe etwas Leim auf die obere Spitze und setze die nächstkleinere Etage darauf, wie die Zeichnung zeigt.

Nikolaus **

Er ist ein lustiger Tischschmuck für die Weihnachtszeit. Für Jacke und Hose brauchst du je ein rotes, quadratisches Blatt von ca. 12 cm Kantenlänge und außerdem noch verschiedenfarbiges Papier für Gesicht, Mütze und Bart.

Faltschritte für die Jacke *

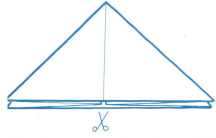

① Falte das Fliegerdreieck und drehe die offenen Kanten zur Tischkante.

② Schneide die beiden innen liegenden Brüche von unten her etwa 3 cm ein.

Faltschritte für die Hose

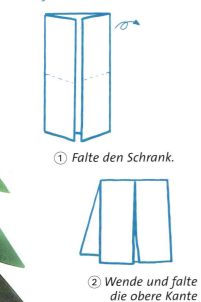

① Falte den Schrank.

② Wende und falte die obere Kante auf die untere.

Nikolaus als Aufsteller aus den Faltformen Fliegerdreieck und Schrank.

③ Schiebe nun von unter her die Hose in die Jacke ein und klebe sie fest.

④ Schneide noch den runden Kopf mit großen Ohren, Augen, Nase, Mund aus und gestalte Hut oder Mütze und Bart nach freier Fantasie.

49

Für Feste und Feiern

Kerzenständer **

Für eine kurze dicke Kerze kannst du selbst einen Kerzenständer falten. Du brauchst ein quadratisches Blatt von etwa 15 cm Kantenlänge. Origamipapier und das zartfarbige Papier für den Kopierer eignen sich am besten. Stimme Papier und Kerze farblich gut aufeinander ab.

Faltschritte

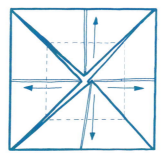

① Lege das Blatt mit der Vorderseite obenauf und falte den Brief.

② Wende das Blatt und falte den Doppelbrief.

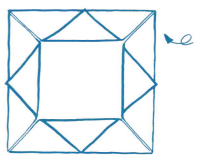

③ Falte jetzt alle vier Ecken von der Mitte nach außen an die Bruchkanten. Diese vier Dreiecke bilden die Füße des Leuchters.

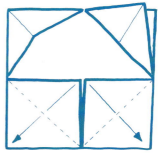

④ Wende die Form und falte die vier Ecken von der Mitte an die äußeren Ecken. Drücke die entstandenen Taschen etwas hohl und stelle die dicke kurze Kerze in die Mitte, nachdem du dort etwas Wachs aufgetropft hast.

Leicht und schnell zu falten – der Kerzenständer –, schon von Friedrich Fröbel entwickelt.

Schlitten **

Der Schlitten ist im eigentlichen Sinn ein Faltschnitt und gehört deshalb nicht unmittelbar in den Bereich des Papierfaltens. Trotzdem soll er hier beschrieben werden, weil er sich sehr gut in die Gruppe der weihnachtlichen Faltobjekte wie Nikolaus und Tannenbaum einordnen lässt. Außerdem war dieser etwa hundertjährige Faltschnitt seit langer Zeit vergessen. Er hat wegen seiner Einfachheit und Schönheit ein Come-back verdient. Dein quadratisches Faltblatt sollte 10 bis 12 cm Kantenlänge aufweisen.

Der Schlitten – eine alte Faltschnittform. Soll er wie hier im Bild beladen werden, musst du ihn abstützen oder verstärkend hinterkleben.

Faltschritte

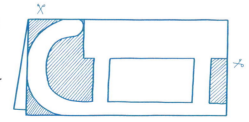

① Falte das Buch und lege es quer mit dem Bruch nach oben.

– Zeichne dann den Schlitten mit Bleistift vor.
– Schneide die schraffierten Teile heraus. Du kannst entscheiden, ob du das Rechteck unter der Sitzbank aus schneidest oder zum besseren Halt dort belässt. An den oberen Kufenenden sollte ca. 1 cm Bruch stehen bleiben.

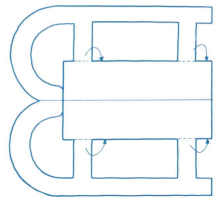

② Entfalte dann das Ganze und glätte den Mittelbruch gut. Falte die Beine der Bank an beiden Seiten nach unten. Der Schlitten ist fertig. Willst du ihn stabilisieren, dass er mit den bunten Faltschachteln beladen werden kann, dann schneide ein Stück Pappe nach den Maßen des Schlittens, falte es u-förmig und klebe es unter der Sitzfläche und an den Seiten fest.

Für Feste und Feiern

Origami-Weihnachtsbaum ***

Der Origami-Baum setzt einige Übung im Falten voraus. Du brauchst drei oder vier unterschiedlich große, durchgefärbte, quadratische Faltblätter z.B. von 12 cm, 10 cm, 8 cm und 6 cm Kantenlänge, damit du den Baum in Etagen aufbauen kannst.

Faltschritte

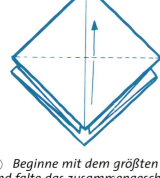

① Beginne mit dem größten Blatt und falte das zusammengeschobene Quadrat. Drehe die offene Ecke nach unten (siehe Seite 10).

② Falte die obenauf liegende Ecke von unten an die obere Ecke. Wende und wiederhole den Schritt.

③ Blättere weiter wie in einem Buch, damit du noch die dritte und vierte Ecke nach oben falten kannst. Die Gesamtform ist jetzt dreieckig.

④ Ziehe die obere Ecke leicht nach unten, fasse dabei den Bruch von unten her und lege ihn mit der Spitze auf die rechte Spitze des Dreiecks. Drücke die Spitze von links ebenfalls nach rechts. Dadurch werden zwei verdeckte Brüche gebildet. Es entsteht eine Zickzack-Faltung.
Lege vorübergehend die nach unten gefaltete Ecke wieder nach oben, damit nicht unnötig Spannung entsteht. »Blättere« weiter nach rechts, ziehe wieder die Ecke nach unten usw. Insgesamt musst du viermal die genannten Faltschritte vollziehen.

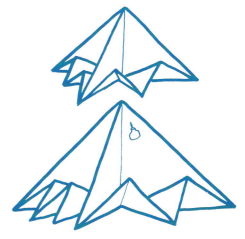

⑤ Stelle nun auf allen vier Seiten die bereits vorgefaltete Zickzack-Faltung wieder her.
Falte die kleineren Blätter in gleicher Weise und klebe die einzelnen Baumetagen übereinander.

Bei diesem weihnachtlichen Baum- oder Fensterschmuck solltest du kleine, gleich große Blätter benutzen. Falte wie beim Origami-Weihnachtsbaum!

Sternkästchen ✶✶✶

Eine besondere weihnachtliche Überraschung kannst du mit dem Sternkästchen bereiten. Gefüllt mit Nüssen oder Plätzchen ist es ein ganz persönliches Geschenk. Dein großes quadratisches Faltblatt sollte am besten durchgefärbt sein.

Faltschritte

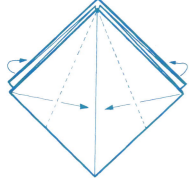

① *Falte das zusammengeschobene Quadrat wie auf Seite 10; (zweimal Kopftuchfaltung – wenden – zweimal Buchfaltung). Die geschlossene Ecke liegt an der Tischkante.*

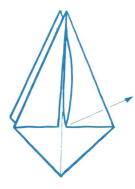

② *Jetzt falte die beiden obenauf liegenden Kanten von rechts und links zum Diagonalbruch. In gleicher Weise auf der Rückseite.*

Oben rechts:
Das Sternkästchen, gefüllt mit Naschereien, eignet sich gut als kleine Überraschung in der Weihnachtszeit.

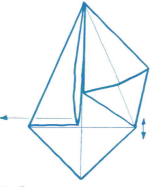

③ *Öffne die schmalen Dreiecke und falte sie breit, ebenso auf der Rückseite. Falte unten von der rechten zur linken Ecke einen Gegenbruch.*

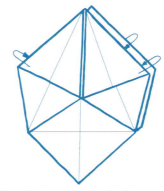

④ *Falte jeweils die äußeren Hälften der breit gezogenen Dreiecke nach hinten um und schiebe sie zwischen die Faltform. Falte auf der Rückseite in gleicher Weise.*

⑤ *Ziehe jetzt die obenauf liegende Spitze von oben so weit es geht nach unten. Falte auf der Rückseite ebenso.*

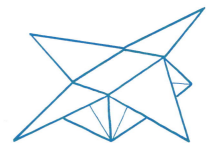

⑥ *Fasse die beiden oberen Spitzen, ziehe sie vorsichtig auseinander und falte sie ebenfalls nach unten. Drücke das Kästchen hohl und falte in der Luft das Bodenquadrat nach. Man kann das Sternkästchen noch verzieren, wie es das Foto oben zeigt.*

Für Feste und Feiern

Fröbelstern ✳✳✳✳

Der Fröbelstern ist eine der schönsten und haltbarsten Faltformen. Die Sternform zu erlernen, verlangt jedoch einige Geduld und Übung. Der Fröbelstern wird aus vier Papierstreifen gefaltet, die gleichfarbig, gleich lang und gleich breit sein sollten. Folgende Breiten-Längen-Verhältnisse haben sich bewährt:

bei 1 cm Breite – etwa 30 cm Länge
bei 2 cm Breite – etwa 50 cm Länge
bei 2,5 cm Breite – etwa 60 cm Länge
– Stern wird etwa faustgroß
bei 4 cm Breite – etwa 100 cm Länge

Schneide die Streifen sehr sorgfältig zurecht (Lineal, Bleistift). Verwende großformatiges, festes Papier.

Tipp:
Fertige Papierstreifen auf Rollen bekommst du im Hobby- oder Bastelgeschäft.

Faltschritte

① *Falte die vier Streifen in der Mitte, so dass jeweils die Enden übereinander liegen und schneide sie schräg ab. Das erleichtert das spätere Durchziehen der Streifen.*

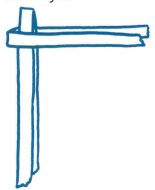

② *Lege den ersten Streifen mit den Enden zur Tischkante. Schiebe den zweiten mit den Enden nach rechts etwas gespreizt von oben über den ersten Streifen.*

③ *Die Enden des dritten Streifens führen nach oben. Fädle beide Enden vom zweiten Streifen hindurch.*

④ *Der vierte Streifen liegt wieder quer mit den Enden nach links. Führe dort die Enden des dritten Streifens hindurch.*

⑤ *Zum Befestigen ziehe die Enden des vierten Streifens durch die »Schlinge« des ersten Streifens. Ziehe alles fest. Es ist der einfache Boden des Sterns. Kontrolliere, ob aus jedem kleinen Quadrat stets zwei Streifen hervorgehen. Mit den weiteren Faltschritten entsteht der doppelte Boden, der den Stern haltbarer macht. Es wird außerdem erreicht, dass die Streifen nicht mehr hintereinander, sondern nebeneinander liegen.*

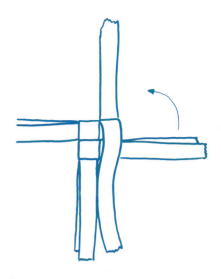

⑥ *Falte den oberen, obenauf liegenden Streifen ganz nach unten und ziehe den kleinen Bruch gut nach. Drehe dann die Form eine Vierteldrehung nach links (entgegen dem Uhrzeiger). Falte noch dreimal wie beschrieben.*

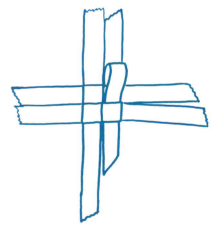

⑦ *Der vierte nach unten gefaltete Streifen muss befestigt werden. Schiebe ihn durch das ganz unten liegende Quadrat und ziehe ihn fest. Es liegen nun jeweils zwei unterschiedlich lange Streifen nebeneinander.*

⑧ *Nun werden die flachen Zacken gefaltet. Dazu wird stets der Streifen oben links bearbeitet.*

Fröbelstern

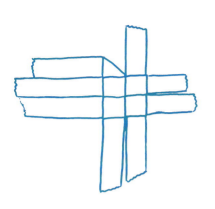 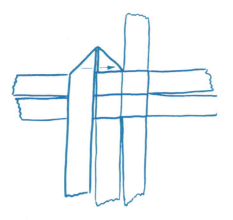 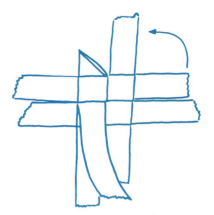

⑧ a) Falte den Streifen nach hinten links, so dass ein kleiner schräger Bruch entsteht.

b) Nun den gleichen Streifen nach vorn in Richtung Tischkante falten, so dass ein weiterer schräger Bruch entsteht.

c) Falte nun den linken, schrägen Bruch auf den rechten und ziehe den Streifen durch das direkt darunter liegende Quadrat hindurch. Die erste flache Zacke ist fertig.
Drehe dann wieder eine Vierteldrehung entgegen dem Uhrzeiger und wiederhole noch dreimal mit dem linken oberen Streifen die Schritte 8a, 8b und 8c.
Wenn du insgesamt vier Sternzacken gefaltet hast, wende das Ganze und wiederhole 8a, 8b und 8c.
Aus den jeweils vier Streifen auf Ober- und Unterseite des Sterns werden nun die hohlen Zacken gefaltet.

Der Fröbelstern – eine anspruchsvolle, klassische und schöne Faltform.

⑨ Der nach rechts zeigende Streifen wird vorläufig unter den linken Daumen gelegt, da er stört.
Der nach oben zeigende Streifen wird so zu einer Schlinge gelegt, dass die Vorderseite immer vorn bleibt. Er wird unter dem zurückgelegten Streifen eingeschoben und festgezogen. Drehe dann das Ganze wieder eine Vierteldrehung entgegen dem Uhrzeiger und falte weiter wie am Anfang dieses Schrittes beschrieben.

55

Tiere

Sitzender Hund **

Für den Hund brauchst du zwei quadratische Faltblätter von mittlerer Größe. Dabei ist es günstig, wenn das Blatt für den Kopf 1 bis 2 cm kleiner ist als das für den Körper. Origamipapier oder klein gemustertes Geschenkpapier eignen sich sehr gut.

Faltschritte

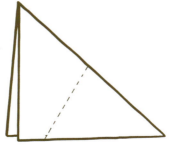

① Lege die Rückseite des kleineren Blattes obenauf und falte das Kopftuch.

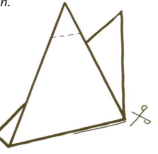

② Falte die rechte neben die linke Spitze, so dass zwei Ohren und das Maul entstehen. Du kannst die Ohren nach außen umfalten. Schneide den Bruch vom Hinterkopf her zur Hälfte ein.

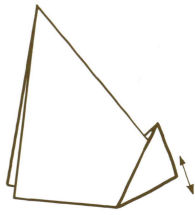

③ Lege das größere Blatt mit der Rückseite nach oben und falte wieder das Kopftuch.
Falte die rechte Spitze um, so dass sie über den Diagonalbruch hinaussteht, falte auch nach hinten als Gegenbruch und öffne den Bruch wieder. Stülpe dann die Spitze um als Schwanz.

Schnell gefaltet ist der sitzende Hund. Du kannst ihn noch schmücken mit Halsband und Schleife.

④ Zeichne dir die Form vor, die du ausschneiden musst, damit Vorder- und Hinterbeine sowie die Bauchseite sichtbar werden. Orientiere dich an der Zeichnung.
Schiebe nun die obere Spitze des Körpers in den eingeschnittenen Bruch am Kopf ein. Probiere erst durch Schieben, wie das Hündchen am besten aussieht. Es kann den Kopf traurig gesenkt halten oder freudig in den Himmel schauen. Klebe dann beide Kopfhälften mit dem Hals zusammen und klebe noch Augen und Nase an.

Fliegende Taube **

Viele fliegende Tauben an dünnen Fäden in unterschiedlicher Höhe im Zimmer oder im Fenster aufgehängt, sehen schön aus und bewegen sich beim geringsten Lufthauch.
Du brauchst dazu durchgefärbte, quadratische Faltblätter in beliebiger Größe.

Faltschritte

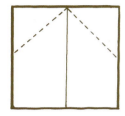

① Falte das Buch und öffne wieder.

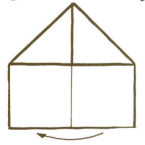

② Jetzt falte rechte und linke obere Ecke an den Mittelbruch.

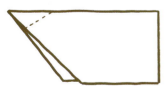

③ Lege die rechte Hälfte auf die linke. Drehe die Form, dass der Mittelbruch oben liegt.

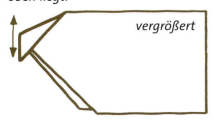

④ Falte die vordere Spitze schräg als Schnabel um, falte als Gegenbruch und öffne wieder.

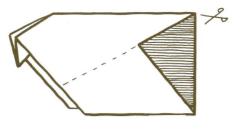

⑤ *Schiebe den Schnabel in die Faltform ein. Schneide ein Dreieck heraus (siehe Zeichnung). Du erkennst Schwanz und Flügel deutlich.*

⑥ *Falte durch zwei schräge Brüche die Flügel nach außen, und die Taube ist fertig.*

Wenn du die Flügel der Taube leicht nach oben rundest, sieht sie aus wie eine dicke sitzende Glucke. Rolle dazu die Flügel über den Bleistift oder ziehe sie straff über die Schere.

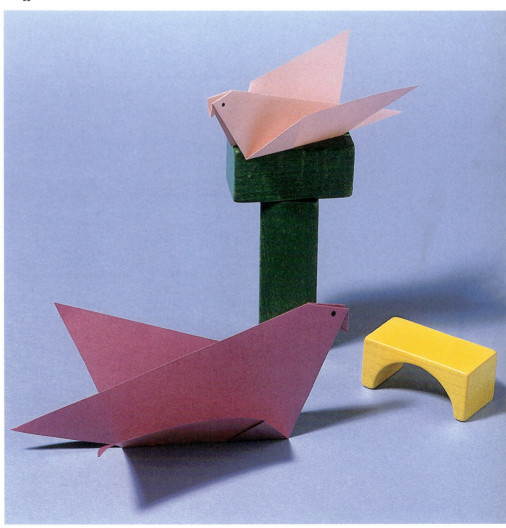

57

Tiere

Maus **

Für die Maus brauchst du kleines bis mittelgroßes quadratisches Faltpapier. Wenn du mehrere unterschiedlich große Mäuse faltest, kannst du eine ganze Mäusefamilie herstellen. Origami- und Geschenkpapier eignen sich am besten.

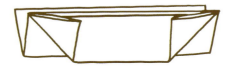

② Falte nun genau wie bei der Treppe die untere obenauf liegende Kante nach oben an den Bruch. Wende und falte ebenso.

③ Rechte und linke untere Ecke falte nach oben. Falte die schrägen Brüche auch als Gegenbrüche. Wende und falte dort in gleicher Weise.

④ Drehe jetzt die Form, so dass oben zwei Bergfalten liegen. Schiebe nun rechts und links je zwei Dreiecke in die Faltform ein, ganz so wie beim Dach des Hauses.

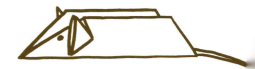

⑤ Zum Falten der Mäuseohren lege die rechte obenauf liegende Spitze so weit wie möglich nach links, so dass ein Dreieck sichtbar wird.

⑥ Falte die linke untere Spitze des Dreiecks an die obere Ecke. Falte auf der Rückseite in gleicher Weise.

Klebe noch Augen und Schwanz an, und das Mäuschen ist fertig.

Faltschritte

① Lege die farbige Seite obenauf, falte das Buch und drehe den Bruch nach oben.

Mäuse kann man auch aus rechteckigem Papier falten. Sie werden dann entweder dünner und länger oder dicker und kürzer, wie die obere Maus.

58

Schwein

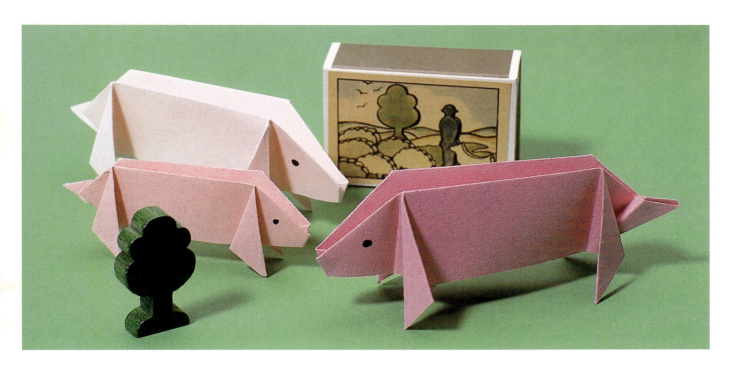

Schwein **

Das Schwein wird aus einfarbigem oder gemustertem Papier gefaltet. Die quadratischen Blätter kannst du in der Größe beliebig wählen. Aus mehreren unterschiedlich großen Blättern kannst du eine Schweinefamilie gestalten.

Faltschritte

① Falte wie bei der Maus bis Schritt 5.

② Nun falte die linke schräge Bruchkante des kleinen Dreiecks an den mittleren Bruch dieses kleinen Dreiecks. Du siehst das rechte Vorderbein des Schweins.

③ Für das Hinterbein falte die linke, obenauf liegende Spitze schräg nach unten, so dass die vorher schräge Bruchkante jetzt genau senkrecht verläuft.
Wende die Faltform und wiederhole seitenverkehrt die Schritte 2 und 3.

④ Für das Falten der Schnauze klappe die Form an der Rückenlinie breit und lege sie flach auf den Tisch. Falte die linke Ecke etwa 1 cm um und lege die untere wieder auf die obere Kante.

⑤ Zum Falten des Schwanzes lege beide Hinterbeine vorübergehend in Richtung Körpermitte und falte die rechte hintere Spitze an die obere Ecke.

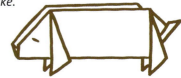

⑥ Falte die Spitze wieder nach schräg unten an den Bruch und drücke die Hinterbeine wieder in die alte Lage. Klebe noch Augen auf, und das Schwein ist fertig.

Tiere

Pferde, Hunde und andere Vierbeiner aus Zeitungspapier **

Wenn du mal keine Faltblätter zur Hand hast, kannst du auch Tiere aus ganzen oder halben Seiten einer alten Tageszeitung herstellen. Es geht ganz einfach und schnell.

Faltschritte

① Falte die lange Kante des Blattes etwa 2 cm um.

② Nun falte den unteren Bruch etwa 2 cm nach oben. Falte immer so weiter bis an das Ende des Blattes. So entsteht ein fester Streifen.

③ Falte einen zweiten Streifen in gleicher Weise und falte jeden Streifen in der Mitte. Drücke die kurzen dicken Brüche fest zusammen.

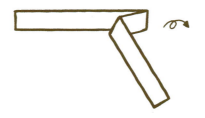

④ Lege dann das obere Ende schräg nach unten.

⑤ Wende und falte seitenverkehrt ebenso. Du hast jetzt Kopf, Hals und Vorderbeine eines Tieres gefaltet.

⑥ Für Rumpf und Hinterbeine gehe ganz ähnlich vor. Je nach dem Tier, das du gestalten willst, wird der Rumpf länger oder kürzer gebraucht, ebenso die Beine, z. B. beim Dackel langer Rumpf und kurze Beine.

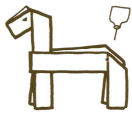

⑦ Schiebe dann die beiden Vorderbeine durch den Rumpf, bestimme die Höhe und klebe sie fest. Du kannst noch Schwanz und Augen ankleben. Durch einfaches v-förmiges Einschneiden am Kopf können Ohren oder Hörner herausgeklappt werden.

Schnell gefaltet: Vierbeinige Tiere aus Zeitungspapier.

60

Bewegliche Tierköpfe **

Tierköpfe, die du auf die Finger setzen und bewegen kannst, bereiten besonders viel Spaß. Wähle dein Blatt nicht kleiner als 15 cm x 15 cm. Origamipapier ist am besten dafür geeignet.

Faltschritte

① Lege das Blatt mit der Rückseite obenauf, falte den Brief.

② Wende und falte den Doppelbrief.

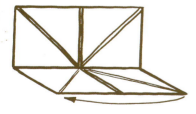

③ Damit du den Tierkopf leichter bewegen kannst, falte zwei Hilfsbrüche: Falte die untere auf die obere Kante und öffne, dann die rechte auf die linke Kante und öffne wieder. Stecke Daumen und Zeigefinger deiner Hände in die vier Taschen auf der Rückseite und bewege die Faltform wie ein Maul. Man nennt dieses Gebilde auch Pfeffer- und Salznäpfchen.

④ Klebe nun je zwei nebeneinander liegende Teile zusammen, so dass eine Maulöffnung bleibt. Schneide noch Teile für Augen, Nase, Zunge, Bart usw., lege die Teile erst auf und beurteile, ob alles richtig ist und auch gut aussieht, bevor du sie aufklebst.

Setze die Tierköpfe auf Daumen, Zeige- und Mittelfinger und lass sie auf- und zuschnappen.

Tiere

Tierköpfe aus der Kopftuchfaltung

(Schwein, Fuchs, Katze und Kuh)

Diese Tierköpfe sind etwas für Können. Zwar werden sie sämtlich aus der einfachen Grundform Kopftuch hergestellt, alle weiteren Faltungen aber lassen eine Vielzahl von Möglichkeiten offen. Und es ist gar nicht einfach, den typgerechten Ausdruck eines Tieres durch die Formung des Kopfes, des Maules und der Ohren zu erreichen. Aufgemalte oder aufgeklebte Augen können dabei nur den Ausdruck unterstreichen.

Am besten eignet sich Origamipapier in kleinen Formaten, so z.B. für den Kopf 8 cm x 8 cm, für den Körper 10 cm x 10 cm.

Zu Beginn soll eine Möglichkeit zur Faltung eines Tierkörpers erläutert werden, der für die Köpfe aus der Kopftuchfaltung, aber auch für andere Tierköpfe verwendet werden kann.

Wenn dir diese Tierköpfe gut gelungen sind, wirst du bemerken, dass du noch weitere Tierköpfe aus der Kopftuchfaltung finden kannst.
Verwende quadratische Blätter vom Notizblock zum Ausprobieren.

62

Tierköpfe aus der Kopftuchfaltung

Faltschritte für den Tierkörper

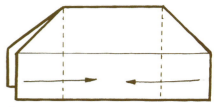

① Falte das Haus mit schrägem Giebel wie auf Seite 12.

② Nun falte rechte und linke obenauf liegende Giebelseite zur Mitte.

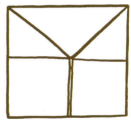

③ Wende und wiederhole Schritt 2.

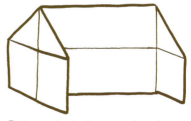

④ Lass die Seiten wieder etwas aufspringen, so dass der Mittelteil flach gedrückt bleibt, die Seiten aber quer stehen. Klebe hier den Tierkopf an.

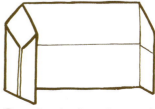

⑤ Willst du den Körper schmaler gestalten, z. B. für Fuchs oder Katze, so falte die Seiten von rechts und links nochmals ein.

Tiere

Schwein **

Faltschritte

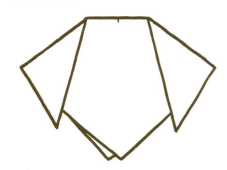

① Lege das gefaltete Kopftuch mit dem Bruch nach oben. Markiere dort durch einen winzigen Bleistiftpunkt die Mitte. Falte dann im fingerbreiten Abstand rechts und links der Markierung die spitzen Ohren schräg nach unten.

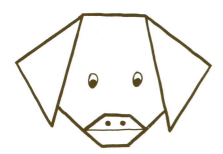

② Für die Gestaltung des Mauls falte die untere, obenauf liegende Ecke daumenbreit nach oben.

③ Willst du das Maul breiter erscheinen lassen, so falte die beiden Ecken ein wenig nach hinten um.

Fuchs ***

Faltschritte

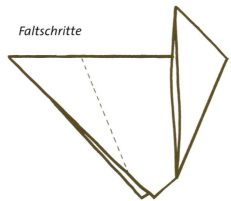

① Markiere mit Bleistift die Mitte auf dem Diagonalbruch. Falte zwei Finger breit von der Markierung schräge Brüche. So entstehen lange spitze Ohren und ein schmales Gesicht. Drücke beide Ohren breit.

② Schneide unterhalb der Ohren am Maul von rechts und links schmale Streifen ein als Barthaare und schneide je rechts und links der Nase ein winziges Dreieck heraus.

Mit schmalen Augen kannst du das listige Wesen des Fuchses noch unterstreichen.

Katze ***

Faltschritte

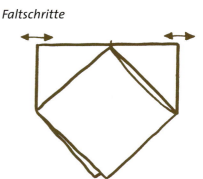

① Markiere die Bruchmitte und falte rechte und linke Spitze an die Markierung, falte auch nach hinten als Gegenbrüche und öffne wieder.

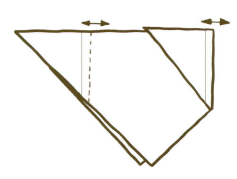

② Falte nun in etwa 0,5 cm Abstand in Richtung Mitte zwei weitere Brüche, auch als Gegenbrüche.

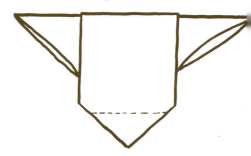

③ Schiebe unter leichtem Öffnen der Kopftuchfaltung die Ohren in die Faltform ein.

Kuh ***

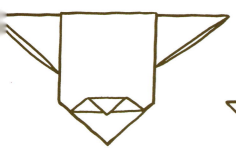

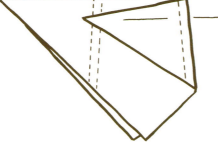

Faltschritte

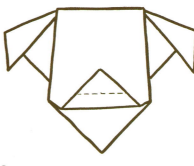

④ Zur Gestaltung von Nase und Maul falte die untere obenauf liegende Ecke etwa 1,5 cm nach oben.
Falte die gleiche Ecke wieder nach unten, so dass sie wenige Millimeter über den Bruch hinaussteht.

① Falte im Abstand von etwa 2 cm rechts und links der Bruchmitte zwei leicht schräge Brüche.

④ Für die Gestaltung des Maules falte die untere Ecke so nach oben, dass der neue Bruch ein wenig unterhalb der rechten und linken Ecke liegt.

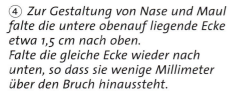

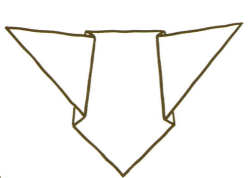

⑤ Schneide direkt unter dem Bruch von links und rechts etwa 0,5 cm ein und falte die Kanten rechts und links der Ecke nach hinten um.

⑤ Falte nun die obere Ecke des Maules so weit nach hinten um, dass nur noch ein ca. 7 mm breiter Rand bleibt.

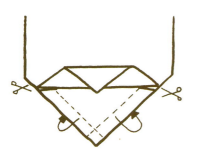

⑥ Falte die untere Ecke an den oberen Rand des Maules.

② Lege die Spitzen nach außen, so dass dicht daneben zwei weitere Brüche, also Zickzack-Brüche, entstehen. Vergleiche mit der Zeichnung.

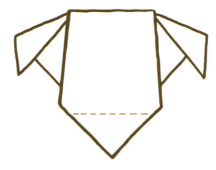

⑥ Falte schließlich die untere Ecke so weit um, dass sie sich ein wenig unter die Nase schiebt. Klebe Augen auf, spreize die Ohren etwas und der Katzenkopf ist fertig.

③ Schiebe die Ohren in die Faltform ein und falte sie schräg nach unten.

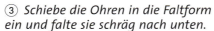

⑦ Jetzt falte die Ecke wieder nach unten, so dass der neue Bruch den Bruch darüber berührt. Bringe noch Augen und Nasenlöcher an, und die Kuh ist fertig.

Tiere

Fische

Zum Falten der Fische kannst du kleine bis mittelgroße quadratische Blätter verwenden. Origamipapier, Geschenkpapier, selbst eingefärbtes Papier, auch hauchzartes Seidenpapier sind für Fische bestens geeignet. Du kannst sie an dünnen Fäden im Raum oder im Fenster aufhängen.

Fisch 1 **

Faltschritte

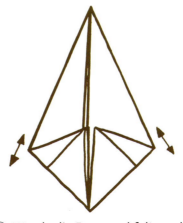

③ Wende die Form und falte rechte und linke Spitze zur Bruchlinie. Falte die schrägen Brüche auch als Gegenbrüche.

⑥ Drehe den Fisch quer und schneide den Schwanz auf der Mittellinie etwa 1 cm ein.

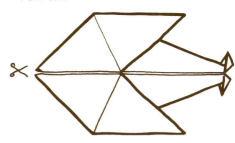

① Falte zuerst die Grundform Drachen, wende sie.

⑦ Falte die beiden schmalen Spitzen nach oben bzw. nach unten, auch als Gegenbrüche, und stülpe die beiden Teile.
Du kannst auch ein winziges Dreieck am Maul herausschneiden.

④ Öffne die beiden schrägen Brüche wieder und schiebe die beiden Dreiecke in die Faltform ein.

② Jetzt falte die untere Ecke nach oben, so dass der Bruch durch rechte und linke Spitze verläuft.

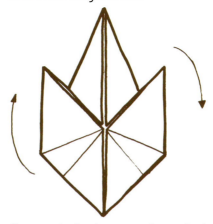

⑤ Lege die beiden Dreiecke nach oben. Du erkennst die Flossen des Fisches.

Fisch II **

Faltschritte

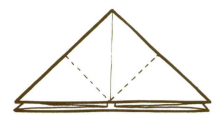

① Falte das Fliegerdreieck (zweimal Buchfaltung – wenden – zweimal Kopftuchfaltung).

② Drehe die offenen Kanten nach unten und falte die rechten und linken obenauf liegenden Spitzen zur oberen Ecke.

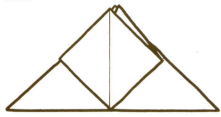

③ Falte die beiden schrägen Brüche auch als Gegenbrüche, so dass die beiden kleinen Dreiecke nun verdeckt liegen.

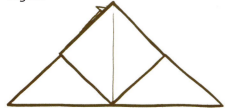

④ Falte die Spitze des linken verdeckten Dreiecks ein wenig nach außen, so dass sie etwa 1 cm über die Gesamtform hinausgeht.

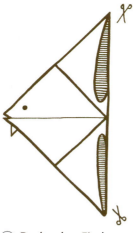

⑤ Drehe den Fisch so, dass die große linke Spitze nach unten zeigt. Gestalte den Schwanz durch Herausschneiden, wie Foto (Seiten 68/69) und Zeichnung es zeigen.

Fisch III **

Dieser einfach zu faltende Fisch stammt aus der Fröbelschen Faltschule und erfreute bereits die Kinder in den ersten deutschen Kindergärten um 1840.
Das quadratische Blatt von 12 bis 15 cm Kantenlänge sollte nur einseitig gefärbt sein.

Faltschritte

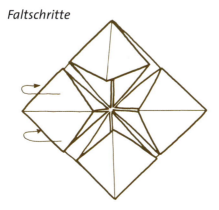

① Falte das Tischtuch bzw. die Windmühle wie auf Seite 30 beschrieben mit der farbigen Seite nach außen.

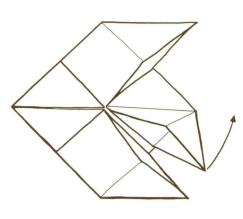

② Öffne die Windmühle leicht und stülpe den linken Flügel nach hinten um, so dass dort die helle Papierrückseite als Kopf sichtbar wird.

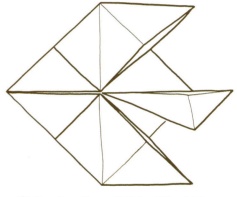

③ Zwei weitere Mühlenflügel bilden die Rücken- und die Bauchflosse. Drücke beide nach rechts. Bei der Schwanzflosse falte die offenen Kanten an den Diagonalbruch.

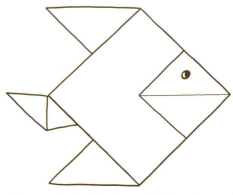

④ Wende den Fisch und klebe oder male ein Auge auf.

Collage als Wandbild mit den drei beschriebenen Fischfaltungen aus Falt- und Geschenkpapier.

69

Tiere

Schmetterling **

Mehrere Schmetterlinge in eine Grünpflanze gesetzt, wirken sehr dekorativ. Du brauchst ein kleines bis mittelgroßes quadratisches Blatt. Origami- oder Geschenkpapier, aber auch selbst gefärbtes Schreibpapier mit ineinander laufenden Farben eignet sich gut.

Faltschritte

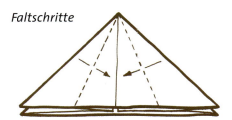

① Zuerst falte das Fliegerdreieck. Die offenen Kanten nach unten (siehe Seite 10).

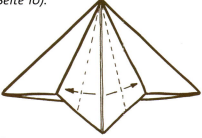

② Falte rechte und linke obenauf liegende Bruchkante an die mittlere Bruchlinie.

③ Nun falte die in der Mitte liegenden langen Bruchkanten wieder nach außen an die zuletzt entstandenen Brüche, so dass ganz schmale lange Dreiecke entstehen.

Wenn du ungemustertes Papier verwendet hast, kannst du den Schmetterling mit runden, farbigen Papierteilen schmücken.

Frosch ***

Für den Frosch braucht man ein quadratisches Blatt von etwa 12 cm Kantenlänge. Origami- und Geschenkpapiere, auch selbst gefärbte Papiere eignen sich gut.
Du solltest Grün- und Grautöne für den Frosch bevorzugen.

Faltschritte

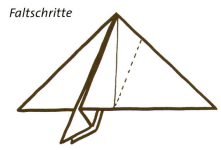

① Falte den Schmetterling wie beschrieben. Lege das rechte schmale Dreieck vorübergehend auf das linke (Hinterbeine).

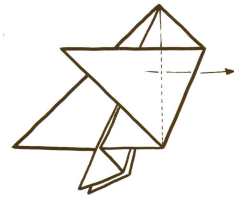

② Nun falte die rechte Spitze so weit nach links, dass oben die Bruchkante waagrecht verläuft und der neue schräge Bruch unten in der Mitte der Faltform beginnt.

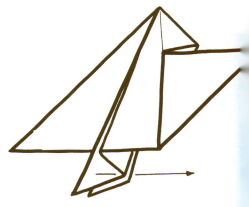

③ Falte die gleiche Spitze wieder nach rechts, so dass der neue senkrechte Bruch sich genau mit der Mittellinie der Faltform deckt. Ein Vorderbein ist fertig.

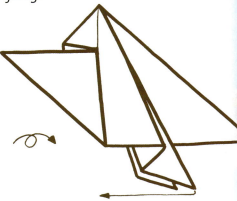

④ Lege nun alle schmalen Teile nach rechts, so dass die linke große Spitze frei liegt und falte seitenverkehrt die Schritte 2 und 3 nochmals.

⑤ Lege schließlich das obenauf liegende schmale Dreieck nach links und stelle den Frosch auf die Beine, indem du die Faltform wendest. Du kannst noch Froschaugen aufkleben.

Frosch

Tiere

Ente **

Für die Ente eignen sich alle einfarbigen und gemusterten durchgefärbten Papiere, besonders aber Seidenpapier. Wenn du mehrere Enten aus unterschiedlich großen Quadraten faltest, wird es eine Entenfamilie.

Faltschritte

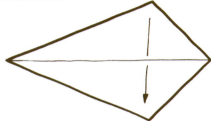

① Falte den Drachen, wende und lege ihn mit der Spitze nach links.

② Nun falte die obere Hälfte auf die untere und ziehe den langen Bruch gut nach. Es wird der Rücken der Ente.

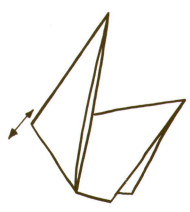

③ Falte jetzt die lange Spitze (Hals) schräg nach oben, so dass ein spitzer Winkel am Rücken entsteht. Falte auch als Gegenbruch.

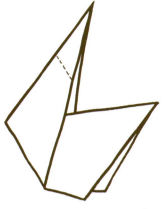

④ Stülpe unter leichtem Öffnen den Hals.

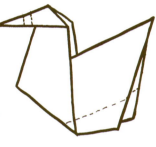

⑤ Für den Kopf falte die Spitze schräg nach vorn, auch als Gegenbruch, und stülpe dort wieder die Faltform.

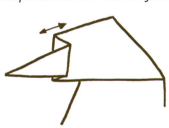

⑥ Zur Gestaltung des Schnabels falte die Spitze am Kopf durch zwei stufenartige Brüche und Gegenbrüche, wie auf der Zeichnung sichtbar ist.

⑦ Öffne von unten leicht die Kopfform und schiebe den Schnabel ein.

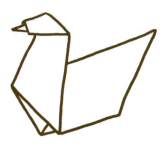

⑧ Falte unten die Kanten nach innen, so dass die Ente besser sitzt.

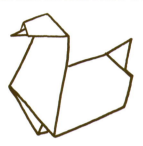

⑨ Willst du ein Entenküken falten, musst du den Schwanz durch stufenartige Gegenbrüche noch einschieben. Die Ente sieht dadurch kürzer und rundlicher aus.

Schwan ***

Für das Falten des Schwans solltest du Transparent- oder zartfarbiges Seidenpapier bevorzugen. Ein quadratisches Blatt von 12 cm Kantenlänge ist günstig.

Faltschritte

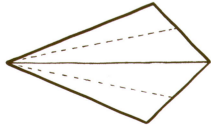

① Falte die Drachenform, wende und lege die Spitze nach links.

72

Schwan

② *Nun falte beide schrägen Bruchkanten zur Mitte an den Diagonalbruch. Es entsteht eine lange schmale Form.*

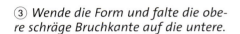

③ *Wende die Form und falte die obere schräge Bruchkante auf die untere.*

④ *Falte die lange Spitze schräg nach oben, so dass Hals und Rücken einen spitzen Winkel bilden. Falte auch den Gegenbruch und stülpe den Hals wie beim Falten der Ente.*

⑤ *Auch das Falten von Kopf, Schnabel und Schwanz geschieht ganz wie bei der Ente. Lies dort die Faltschritte 5, 6, 7 und 9.*

Tiere

Klapperschnabel **

Schon zu Zeiten Friedrich Fröbels hatten die Kinder Freude am gefalteten Klapperschnabel. Beim Auf- und Zuschnappen hört man deutlich sein Klappern. Wenn du ihn mit der Faltform Hexentreppe als Körper verbindest, hast du eine interessante Tierform, die du ganz unterschiedlich weitergestalten kannst, z. B. als Schlange oder als Lindwurm. Das Foto zeigt eine der vielen Möglichkeiten. Dein quadratisches Blatt sollte durchgefärbt und ca. 12 x 12 cm groß sein. Origamipapier oder fleckenartig selbst gefärbtes Papier sind geeignet.

Faltschritte

① *Falte über Buch und Schrank die Treppe und lege die beiden Bergfalten nach oben.*

② *Klappe den obenauf liegenden Streifen nach oben. Das Papier liegt jetzt oben einfach und unten dreifach.*

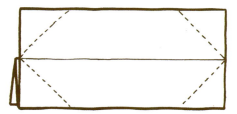

③ *Falte alle vier Ecken an den mittleren Bruch.*

④ *Klappe nun wieder die obere Hälfte auf die untere. Es ist ein Kahn entstanden.*

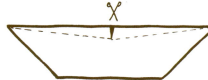

⑤ *Markiere auf den oberen langen Kanten mit Bleistift genau die Mitte. Schneide von den oberen Rändern her etwa 1 cm tief ein.*

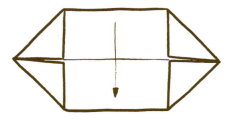

⑥ *Falte nun jeweils vom Ende des Einschnitts bis zur rechten bzw. linken Spitze schräge Brüche, auch auf der Rückseite. Es entstehen vier lange schmale Dreiecke.*

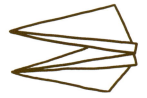

⑦ *Biege vorsichtig beide Spitzen zueinander und probiere, wie laut der Schnabel klappert.*

Für die Hexentreppe als Körper sollten die Streifen etwa 4 cm breit und 40 cm lang sein.

Klapperschnabel mit Hexentreppe aus breiten, spitz zulaufenden Streifen gefaltet, ergeben zusammen ein fantasievolles Reptil.

Papagei

Vogel ***

Für den Vogel reicht ein kleines quadratisches Faltblatt von 8 bis 10 cm Kantenlänge. Klein gemusterte oder selbst gefärbte Papiere eignen sich ebenso wie die beliebten Origami-Faltblätter. Mehrere bunte Vögel an dünnen Fäden im Zimmer oder am Weihnachtsbaum aufgehängt, sind ein dekorativer Schmuck.

Faltschritte

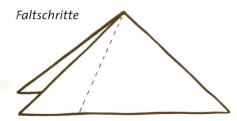

① Falte das Kopftuch, die farbige Seite sollte außen sein.

② Jetzt falte das Zelt, also rechte auf linke Spitze.

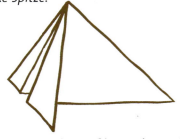

③ Falte die obenauf liegende Bruchkante von links nach rechts, so dass unten ein rechter Winkel entsteht. Wende und falte seitenverkehrt in gleicher Weise.

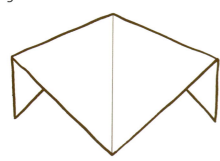

④ Klappe die Form auseinander, so dass beide schmalen Dreiecke jetzt zuunterst liegen.

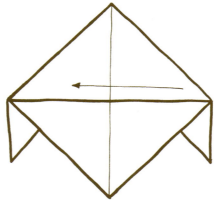

⑤ Die untere obenauf liegende Ecke falte nun so weit es geht nach oben.

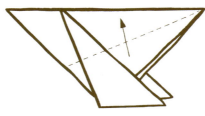

⑥ Falte die rechte auf die linke Seite, der Bruch ist bereits vorhanden. Drehe ihn nach oben als Rücken des Vogels.

⑦ Falte die rechte untere Kante mit dem Flügel nach oben an den großen Bruch. Wende und falte seitenverkehrt ebenso.

⑧ Für Kopf und Schnabel falte die linke Spitze schräg um, auch als Gegenbruch, und schiebe das Dreieck in die Faltform ein.

Papagei ***

Genau wie der Schmetterling, so kann auch der Papagei eine hübsche Ergänzung auf einer Blattpflanze bilden. Du brauchst dazu zwei gleich große quadratische Blätter von ca. 10 cm Kantenlänge. Das Papier sollte durchgefärbt sein. Sehr gut eignet sich selbst gefärbtes Schreibpapier oder Geschenkpapier, wie das Foto auf Seite 77 zeigt.

Faltschritte für den Rumpf

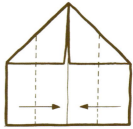

① Falte das Buch, öffne wieder und falte beide oberen Ecken an die Mittelbruchlinie.

② Nun falte rechte und linke Kante an die Mittelbruchlinie.

③ Wende die Form und falte die rechte auf die linke Bruchkante.

75

Tiere

④ Für den Schnabel falte die obere Spitze um, wie in der Zeichnung sichtbar, und falte auch den Gegenbruch.

⑤ Schiebe das kleine Dreieck in die Faltform ein.

⑥ Falte den unteren Teil nach links, so dass an der Bauchseite ein rechter Winkel entsteht. Falte auch den Gegenbruch und öffne wieder.

⑦ Falte einen weiteren schrägen Bruch. Er hat den gleichen Ausgangspunkt am Rücken des Papageis und endet an der linken unteren Ecke. Falte ihn auch als Gegenbruch. Öffne wieder.

⑧ Spreize die Form an der Bauchseite und schiebe den unteren Teil fächerartig in die Faltform ein. Es ist der kurze Schwanz des Papageis. Die Schwanzverlängerung faltest du aus dem zweiten Blatt.

Faltschritte für die Schwanzverlängerung

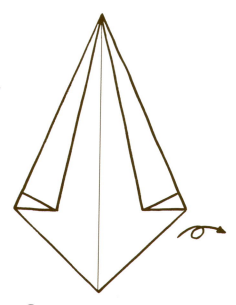

① Falte den Drachen.

② Jetzt falte beide Kanten von der Mitte her nach außen an die schrägen Bruchkanten.

③ Wende die Form und falte die äußeren Schrägen zur Mitte an den Diagonalbruch.

④ Wende erneut und falte die rechte Schräge auf die linke. Diesen fächerartigen Schwanz klebe von unten her in die Papageienform ein.

Seite 77:
Collage aus zwei verschiedenen Vogelformen. Im Bildzentrum die bunten Papageien aus Geschenkpapier gefaltet.

76

An dünnen Fäden hängend, wirkt der zarte, bewegliche Kranich am schönsten.

Flatternder Kranich ✻✻✻

Etwas Übung im Papierfalten solltest du schon mitbringen für diese interessante Faltform. Der Kranich schlägt mit den Flügeln, wenn du gleichzeitig am Hals und am Schwanz ziehst. Du benötigst ein quadratisches, am besten durchgefärbtes Faltblatt von mindestens 15 cm Kantenlänge.

Faltschritte

① Falte das zusammengeschobene Quadrat und dann die rechte und linke Kante des obenauf liegenden Quadrats zum Diagonalbruch. Falte beide schrägen Brüche auch als Gegenbrüche und falte sie zurück.

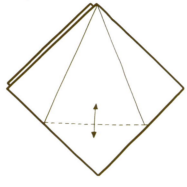

② Wende die Faltform und wiederhole Schritt 1. Falte die untere Ecke nach oben, so dass der Querbruch die schrägen Brüche berührt, falte auch den Gegenbruch wieder zurück.

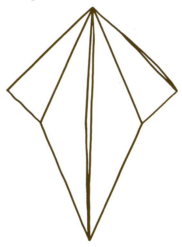

③ Ziehe nun die obenauf liegende obere Ecke vorsichtig ganz nach unten und drücke dabei die seitlichen Dreiecke auf den vorhandenen schrägen Brüchen zur Mitte. Ein Rhombus entsteht.

④ Wende die Form und wiederhole Schritt 3. Dann drehe das Ganze, dass die geteilten Spitzen unten liegen.

⑤ Falte die rechte Spitze schräg nach oben, auch als Gegenbruch. Sie bildet den Hals. Greife in das innere der Spitze, stülpe sie um und führe sie zur Seite. Der Schwanz entsteht in gleicher Weise.

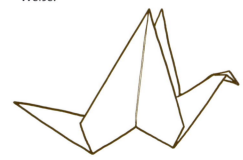

⑥ Der Kopf bzw. Schnabel wird mit Hilfe eines winzigen schrägen Gegenbruches am Ende der rechten Spitze gefaltet und eingeschoben. Ziehe gleichzeitig an Hals und Schwanz, damit dein Kranich flattert.

Rabe ****

Er ist eine besonders interessante, bewegliche Figur. Du kannst ihn als Zimmer- oder Fensterschmuck aufhängen oder mit einem Leistenkreuz versehen auch als Marionette führen. Er besteht aus sechs verschiedenen Faltformen, die einfach zu falten sind. Die Schritt-für-Schritt-Anleitung findest du auf den angegebenen Seiten im Buch.
Die Schwierigkeit beim Raben liegt weniger im Falten als vielmehr beim geschickten Zusammensetzen der einzelnen Teile. Nimm dazu kleine Papierkrampen (v-förmig gefaltete Papierstreifen) zu Hilfe, z. B. zwischen Kopf und Körper.
Du benötigst schwarze und gelbe Faltblätter, Papierstreifen sowie 2 ca. 80 cm lange Fäden, deren Enden an Kopf und Schwanzansatz bzw. vorn in »Kniehöhe« der Beine vorsichtig durchgefädelt und verknüpft werden. Beim Leistenkreuz sollten die Enden etwas eingesägt werden.

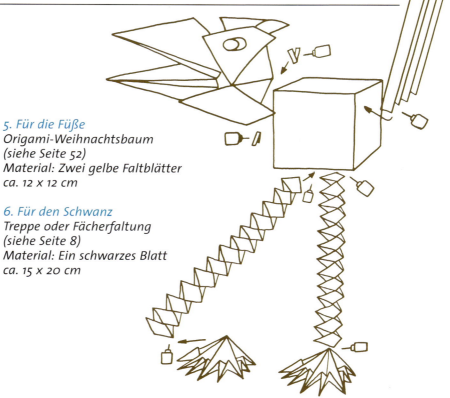

Falte:

1. Für den Körper
Feste Faltschachtel mit Deckel (siehe Seite 37)
Material: Zwei schwarze Faltblätter 23 x 23 cm und 22,5 x 22,5 cm

2. Für den Kopf
Beweglicher Tierkopf, auch Pfeffer-Salznapf genannt (siehe Seite 61)
Material: Ein schwarzes Faltblatt 21 x 21 cm

3. Für den Schnabel
Klapperschnabel (siehe Seite 74)
Material: Ein gelbes Faltblatt 20 x 20 cm

4. Für die Beine
Hexentreppe (siehe Seite 24)
Material: Vier gelbe oder schwarze Streifen. Länge 110 cm, Breite ca. 2 cm

5. Für die Füße
Origami-Weihnachtsbaum (siehe Seite 52)
Material: Zwei gelbe Faltblätter ca. 12 x 12 cm

6. Für den Schwanz
Treppe oder Fächerfaltung (siehe Seite 8)
Material: Ein schwarzes Blatt ca. 15 x 20 cm

Der Rabe – eine lustige, bewegliche Tierform, die du auch als Marionette gestalten kannst.

Kleines Faltlexikon

Diese Begriffe findest du immer wieder im Buch. Du kannst dir einige gleich einprägenoder immer schnell nachschlagen, wenn du etwas nicht verstehst.

Anfalten: Bis zu einer Kante oder Bruchlinie falten.

Bergfalte: Bruch, der bei aufgestellter Faltform nach oben weist.

Brüche: Sie sind das A und O des Faltens. Sie entstehen, wenn zwei Teile des Blattes oder der Faltform aufeinander gefaltet werden.

Bruchlinien: Sie ergeben sich, wenn Brüche wieder geöffnet (zurückgefaltet) werden.

DIN-A 4-Blatt: Deutsche Industrienorm, z.B. rechteckiges Papier in der Abmessung von 21 x 29,7 cm (Schreibblockgröße).

Drehen: Die Faltform wird um den Mittelpunkt bewegt, so dass danach eine andere Stelle an der Tischkante liegt.

Ecken: Sie können rechtwinklig (90°) oder stumpfwinklig (größer als 90°) sein.

Einschieben: Durch Gegenbrüche entstandene Teile werden in die Faltform eingedrückt.

Faltblatt: Zum Falten verwendetes Papier.

Gegenbrüche: Sie entstehen, wenn Brüche zurückgefaltet und nach dem Wenden an gleicher Stelle nochmals gefaltet werden.

Kanten: Äußere Begrenzung eines Faltblattes oder einer Faltform. Geschlossene Kanten sind Bruchkanten, offene Kanten sind Schnittkanten.

Oben: Kante, Ecke oder Spitze, die vom Körper wegweist.

Öffnen: Die Faltung rückgängig machen.

Quadrat: Blatt, bei dem alle vier Kanten gleich lang und alle vier Ecken rechtwinklig sind.

Rechteck: Blatt mit zwei kurzen sich gegenüberliegenden und zwei langen sich gegenüberliegenden Kanten. Die Ecken sind rechtwinklig.

Rechter Winkel: Er beträgt 90°, alle Ecken des quadratischen und rechteckigen Faltblattes sind rechtwinklig.

Seite: Vorder- und Rückseite des Blattes.

Spitze: Sie ist stets unter 90°, spitzwinklig.

Talfalte: Rinnenartig vertieft liegender Bruch, der bei aufgestellter Faltform zur Tischkante weist.

Umfalten: Ohne Markierung beliebig weit falten.

Umstülpen, stülpen: Teile, die durch Gegenbrüche entstanden sind, werden nach außen gewendet.

Unten: Kante, Ecke oder Spitze, die zur Tischkante weist.

Wenden: Die andere Seite des Blattes oder der Faltform kommt obenauf zu liegen.

Zurückfalten: Ein Bruch wird rückgängig gemacht, da er nur als Bruchlinie gebraucht wird.

Anmerkung zu den Quellen

Der größte Teil der Faltobjekte stammt aus dem umfangreichen Schatz traditioneller Formen der japanischen und auch der Fröbelschen Faltkunst. So ist es in vielen Fällen nicht mehr möglich, den ursprünglichen Schöpfer einer Faltung ausfindig zu machen. Um keine Benachteiligungen zu schaffen, habe ich es vorgezogen, eine Namensnennung in der Regel zu unterlassen. Ich bitte um Verständnis für diese Entscheidung.

Bibliografische Information:
DEUTSCHE NATIONALBIBLIOTHEK

Die Deutsche Nationalbibliothek verzeichnet diese Publikation in der Deutschen Nationalbibliografie; detaillierte bibliografische Daten sind im Internet über http://dnb.d-nb.de abrufbar.

Das Werk einschließlich aller seiner Teile ist urheberrechtlich geschützt. Jede Verwertung außerhalb des Urhebergesetzes ist ohne Zustimmung des Verlages unzulässig und strafbar. Das gilt insbesondere für Vervielfältigungen, Übersetzungen, Mikroverfilmungen und die Einspeicherung und Verarbeitung in elektronischen Systemen. Es ist deshalb nicht gestattet, Abbildungen dieses Buches zu scannen, in PCs oder auf CDs zu speichern oder in PCs/Computern zu verändern, es sei denn mit schriftlicher Genehmigung des Verlages.
Die im Buch veröffentlichten Ratschläge wurden von Verfasserin und Verlag sorgfältig erarbeitet und geprüft. Eine Garantie kann dennoch nicht übernommen werden. Ebenso ist eine Haftung der Verfasserin bzw. des Verlages und seiner Beauftragten für Personen-, Sach- und Vermögensschäden ausgeschlossen. Jede gewerbliche Nutzung der Arbeiten und Entwürfe ist nur mit Genehmigung von Verfasserin und Verlag gestattet.
Bei der Verwendung im Unterricht und in Kursen ist auf dieses Buch hinzuwei

Fotografie: Klaus Lipa, Diedorf bei Augsburg
Lektorat: Manfred Braun, Kerstin Müller
Umschlagkonzeption: ZERO Werbeagentur, München
Umschlaglayout, Herstellung: Elke Martin
Layout: Anton Walter, Gundelfingen

© 2002 Knaur Ratgeber Verlag
Ein Unternehmen der Droemerschen Verlagsanstalt Th. Knaur Nachf. GmbH & Co. KG, München
Reproduktion: GAV, Gerstetten
Druck und Bindung: Firmengruppe APPL, . aprinta druck, Wemding
Gedruckt auf 135 g/m² umweltfreundlich chlorfrei gebleichtem Papier.

ISBN 978-3-426-66749-1

Printed in Germany

10 9 8 7

Bitte, besuchen Sie uns auch im Internet unter der Adresse: www.knaur-ratgeber.de